空手道【形与组手】

罗景辉 编著

成都时代出版社
CHENGDU TIMES PRESS

序言

技击的艺术，心体的修行

起源于冲绳（19世纪前被称为"琉球"）的空手道，旧称"唐手"。它是琉球古老的格斗术与中国拳法相糅合发展而来的一种武术，可使用身体的任何部分为武器，攻击敌人并防御自身的一种格斗技术。空手道气势迅猛、刚柔并济，以"灵活多变""攻防兼备"著称，非常重视实用性，没有花架，有着"一招制敌"的强劲威力，因而成为世界上最流行、最受欢迎的武术之一，就连美国FBI也将空手道列为正式课程。

发展至今，空手道的流派有许多，本书所授是源自最古老空手道发源地冲绳的刚柔流。许多人将刚柔流视为最能代表琉球唐手的一种流派，好莱坞空手道电影《The Karate Kid》中的动作指导——空手道师父范教授就是冲绳刚柔流派，国家地理频道报导空手道也是以刚柔流师伊波康进为主角。

刚柔流由一代拳圣宫城长顺所创始，其名来自于中国古代文献《武备志》中的"法刚柔吞吐"，意思是"依照刚柔之理而吞吐呼吸的法则"。其技法汇集了刚柔并济和畅通无阻于一身，敌人以"刚"来攻击，就要以

"柔"来应付克制……这种方式是武技的极限,也是秉承刚柔流独特的"呼吸"法而来。

空手道之所以称之为"道",表明它不仅仅是一门武技,还是一种人生心智修炼之道。古武道色彩浓厚的刚柔流将"坚韧意志"视为"刚","豁达和谐"视为"柔"。真正的高手能凭着意志力控制肢体,正确把握目标,在瞬间爆发出最大冲击力的同时,亦能做到"寸止",即点到为止。在运动中培养人坚韧的意志和崇高的精神信念,通过严格训练获得完善的人格,这正是空手道所追求的"道"。

古代拳法家将百日的练习称为"锻",千日的练习称为"炼",本书亦秉承古法古风,循序渐进地传授正统冲绳刚柔流的入门知识、基本技术与辅助训练方法,并且简要介绍了空手道的源流、礼仪与精神内涵,是不可多得的完整、系统学习传统空手道的指导教程。

目录

一篇 形

形的练习方法和注意事项 2
基本形 3
　三战 3
　　◎形的演练
开手形 10
　击碎第一 10
　　◎形的演练　◎形的分解（一）　◎形的分解（二）
　击碎第二 20
　　◎形的演练　◎形的分解（一）　◎形的分解（二）
　碎破 33
　　◎形的演练　◎形的分解（一）　◎形的分解（二）
　制引战 47
　　◎形的演练　◎形的分解（一）　◎形的分解（二）　◎形的分解（三）
　四向战 65
　　◎形的演练　◎形的分解（一）　◎形的分解（二）
　三十六手 79
　　◎形的演练　◎形的分解（一）　◎形的分解（二）
　十八手 91
　　◎形的演练　◎形的分解（一）　◎形的分解（二）　◎形的分解（三）　◎形的分解（四）　◎形的分解（五）
　十三手 109
　　◎形的演练　◎形的分解（一）　◎形的分解（二）　◎形的分解（三）　◎形的分解（四）
　久留顿破 126
　　◎形的演练　◎形的分解（一）　◎形的分解（二）　◎形的分解（三）
　壹百零八手 144
　　◎形的演练　◎形的分解（一）　◎形的分解（二）　◎形的分解（三）
闭手形 164
　转掌 164
　　◎形的演练

二篇 组手

约束组手 **180**

◎准备架式 ◎上段手刀受 + 手刀 ◎中段受 + 里突 + 上段突 ◎下段受 + 里拳正面打 ◎上段手刀受 + 手刀砌肘 + 锁手 ◎内手刀受 + 擒拿 + 三战立入位 ◎反身转体锁手 ◎下段手刀受 + 锁手 + 降肘 + 外手刀 ◎交叉手刀受 + 擒拿 +180° 后转 + 拉下 ◎内手刀受 + 外手刀受、擒拿 + 进步、转马 + 左挢横扫压下 ◎下段手刀受 + 圈手、掌底受、进马 + 膝蹴

自由组手 **190**

攻防要点 190
制敌关键 191
注意事项 191

护身组手 **192**

防揽抱 192

◎正前抱（一）◎正前抱（二）◎正前抱（三）◎侧搭肩 ◎侧揽腰 ◎后抱腰 ◎后抓手抱腰

防捉拿 200

◎捉单手（一）◎捉单手（二）◎捉双手（一）◎捉双手（二）◎正前抓头发 ◎后抓头发 ◎抓衣领 ◎单手叉颈 ◎双手叉颈

防小刀 210

◎防小刀下劈 ◎上段前刺 ◎横劈 ◎反手横劈 ◎下直刺 ◎搭肩背刺 ◎后勒颈

通俗地说，所谓"形"就是受、打、突、踢等基本技术与步法的结合，按照前进、后退或转身来演练的一整套动作，也可以称为"套路"。

形是空手道师父们经过长久岁月的修行，根据经验创造完成的。自古以来，空手道的练习都是以"形"为中心。形练得好坏，是检验一个人技术水平高低的重要依据，也是个人提升身体素质的重要途径。空手道等级考试中，"形"是重要的考核内容。

一篇

形

形的练习方法和注意事项

"形"是在固定的演武线上采取的自我防御姿势，是自我防御的手段。它是包括屈伸、跳跃、平衡等运动要素的全身运动，是不分时间地点、男女老幼皆可视自身体质情况而分配力量进行练习的体操之一。并且，形在锻炼身体平衡性方面，还表现出优雅的动态美。

形由多方面的元素所构成，包括礼节、演武线、攻防招式、步法应用、使用招式的强弱与速度、形的起承转合、精神的统一、呼吸法等。

在演练形时，必须注意以下几点：

①形的演练首重精神。演练形的过程，不光是按照一招一式去模仿练习，更需要努力探寻将这些招式有效连接起来的方法和用途。形的练习永无止境，切不可因段位的升级而自满，应将其作为帮助自我修炼身心的阶梯，去不断地攀登。

②每个形都有一定动作的数目，演练时务必要按照动作编排的正确顺序进行。形的技术程度高低的判定，不仅在于所掌握形的数目，更在于形的内涵。

③形是在某一固定线上演练的，这个线称为"演武线"。从演武开始的位置出发，在一定线上移动至结束。各个形都有不同的演武线，且演武线上的运脚和视线方向也未必一致。

④形的美、力与节奏，都是由力的强弱、动作的缓急及身体的伸缩产生出来的，如果不坚持这三个原则，就无法演出精炼的形。

⑤形通常由指挥者在刚开始或结束时发令，或将所有招式进行编号发令。所有形都依照指挥者"敬礼""默念""形的名称""准备""开始"等号令实施。无人发令时，自己要在心中默念。

⑥要有礼仪地开始和结束，形的开始一定要行礼。如果要连续练习，也要在最开始及结束时行礼。

基本形

基本形是刚柔流"形"的基础。其主要锻炼以"气"贯通全身的技巧,让"气"与动作融合,强化身体各部机能。

三战

三战是刚柔流中"刚"的代表。它是身体控制的基础,也是练习其他刚柔流形的基础。它包含了基本移动、基本技术、发力和运气的呼吸技巧。三战使用的是"三战立"和单调的手部招式,在攻防中收紧肌肉,使全身的神经、肌肉呈现极端紧张的状态,达到无懈可击的状态。这种形是刚柔流的基本,也是自我锻炼的根基。

在练习三战时,不但要注重肌肉的收缩法和协调内脏器官与肌肉之间的呼吸法,更要强调一种精神上的"立禅法"。比如,在立禅的状态中,靠声音产生作用,来达到无的境界。虽练习中无法达到十全十美的境界,但仍需尽力而为,技术上追求精益求精。如果在练习中,下意识地去做一些松弛动作,就很难达到练习的真正价值。与此同时,让所有肌肉都处于紧绷状态,不但技术上难度极高,而且体力消耗也极大,所以常常配以有规律的呼吸,来进行有效的调节。

形的演练

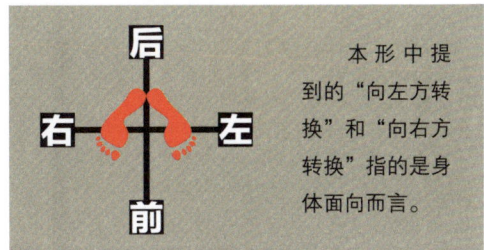

本形中提到的"向左方转换"和"向右方转换"指的是身体面向而言。

1 直立

足 双脚脚尖朝外各开45°。

立 结立。

手 双手交叠在腹前,左掌压右掌。

2 第一举动

立足手 右脚往右前方画弧跨半步，两腿微屈，右三战立。两臂夹紧肋骨，深吸气，双手握拳，朝上朝外画弧打开，拳心朝内，同时呼气。

！ 拳高平肩，宽与肩相同，腹部绷紧。双肘与身体间隔一个拳头的距离。

3 第二举动

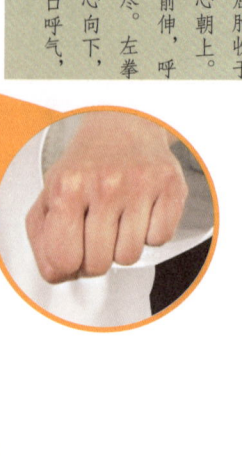

立手 同 2。左拳屈肘收于左肋处，拳心朝上。再将左拳半前伸，呼气，气不吐尽。左拳翻转，使拳心向下，正突，继续以口呼气，亦不吐尽。

吸气，

4 第三举动

手 同2。
立 同2。
! 从突攻姿势收回拳头,将气吐尽,恢复。收回拳头时,不可松开手肘或其他部分的肌肉。

5 第四举动

足 左脚向左前方画弧跨半步。
立 左三战立。
手 右拳半前伸,然后正突,再收回。腹部绷紧。收回拳头时,不可松开手肘或其他部分的肌肉。

6 第五举动

足立：右三战立。
手：由左手开始，左右拳交替向前伸，正突，再收回。
!：左右手共做六遍。

右脚往右前方画弧跨半步。

7 第六举动

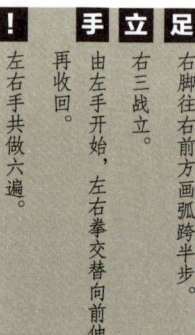

立：同6。
手：第七拳左拳正突后，不用回收，吸气，接着右拳变手刀，掌心朝上，由右上方顺左手手臂向前画弧。

8 第七举动

立：同6。
手：左拳变手刀，右手刀翻转下划，两手刀对拉至胸前，同时呼气，指尖相对，再将气吐尽。气不吐尽。

9 第八举动

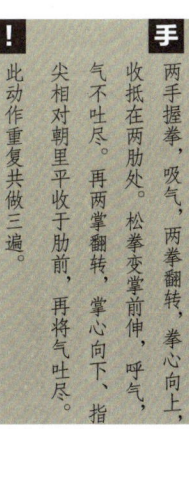

立 手 同 6。

两手握拳，吸气，两拳翻转，收抵在两肋处。松拳变掌前伸，掌心向下、指尖相对朝里平收于肋前，再将气吐尽。再两掌翻转，拳心向上，气不吐尽。

！ 此动作重复共做三遍。

10 第九举动

足 立 手

右脚往右后方画弧跨半步。左三战立。左回旋受，收掌时吸气。双掌底向上下推出时，呼气。

！ 推掌时气不吐尽，推至极点，再将气吐尽。

11 第十举动

手：右回旋受，收掌吸气，推掌呼气，推至极点，再将气吐尽。
立：右三战立。
足：右脚往右前方画弧跨半步。

12 第十一举动

手：同11。吸气，左掌向后收至左肋处，再呼气，左掌转掌向前伸，托住右掌，两手在丹田前上方交叉。
立：同11。

13 第十二举动

手：同12。
立：结立。
足：右脚收回左脚旁，两脚后跟相触，双腿微屈。
！

14 止

足 手的动作完成后，微屈的双腿渐渐直立。

手 深吸气，双掌同时朝身内收至胸前，再呼气，双手掌心翻转向下，继续将心贴右掌背伸于丹田前方，左手气吐尽，两掌下伸至极点。

! 手的动作完成后，深吸一口气，再将微屈的双腿渐渐直立，然后一口气分三次吐尽。

15 直立

立 同 **14**。

手 双手收回，贴于两腿外侧，鞠躬起身，结束。

丹手形

开手形是具备了一定的功底和力量之后才开始练的形。空手道中，基本形是用来锻炼身心的，而开手形则是用来训练攻防技术。

开手形以对打为核心，在练形时，心中常有假想敌，想象双方的攻防动作。每练一个形都会有分解，分解又有表里之分，即一看就能理解的分解和只传内弟子的密招。

击碎第一

　　击碎第一由宫城长顺创立于1936年。这套形比较适合完成基本练习的人学习。

　　击碎招式多样，站立架势含三战立、四股立和前屈立等多种，富于变化。招式在连续性上，也由单纯的一本受、一本突，到复数的连续招式。速度上，还有快、慢之分。

　　击碎由连续的招式构成，招式速度和发力方式都比较复杂。在练习时，除了要记住招式的顺序之外，还必须掌握好正确的速度。刚开始时可以随号令一本一本地练习，熟练之后再将各招式连续演练，需快则快，需慢则适当拉开间隔。

形的演练

本形中提到的"向左方转换"和"向右方转换"指的是身体面向而言。

1 直立

足立：双脚脚尖朝外各开45°。
手：两手指尖朝下贴于大腿两侧，身体端正。

2 用意

手：两手前伸，左掌压右掌，交叠在丹田前。
立：同1。

3 第一举动

身体左转90°

足：身体左转，左脚往左前画弧跨步。左三战立。
立：左三战立。
手：右手握拳，屈肘收于右肋处，左手上段受。

4 第二举动

足：右脚向右前画弧跨步。右三战立。
立：右三战立。
手：左拳屈肘收于左肋处，右拳上段正突。

11

5 第三举动

足: 四股立。

立: 身体顺时针回转90°，右脚随身转向后回跨一大步。

手: 右拳屈肘收于右肋处；左拳经头右侧向左下画弧，下段受。

! 左拳下段受，头部保持不动，目视左侧。从 3~5 要一气呵成。

6 第四举动

足: 右三战立。

立: 身体顺时针回转90°，左脚随身转收回。

手: 左拳屈肘收于左肋处，右拳上段受。

! 头部随身回转180°。

7 第五举动

足: 左三战立。

立: 左脚向前跨步。

手: 右拳屈肘收于右肋处，左拳上段正突。

8 第六举动

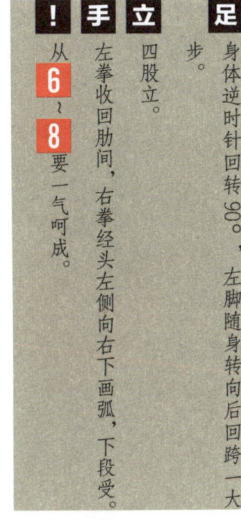

足：身体逆时针回转90°，左脚随身转向后回跨一大步。四股立。

手：左拳收回肋间，右拳经头左侧向右下画弧，下段受。

! 从 **6**~**8** 要一气呵成。

9 第七举动

足：左脚画弧内收，左三战立。

手：右拳屈肘收于右肋处，左手中段受。面向正前方。

10 第八举动

足：右脚画弧前跨。右三战立。

手：左拳屈肘收于左肋处，右手中段受。

11 第九举动

足 右脚微屈立稳，左脚前蹴。
手 同 10。
! 前蹴时手部不要下垂。

12 第十举动

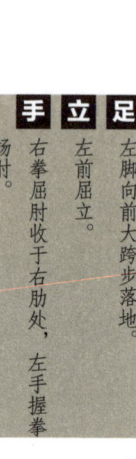

足 左脚向前大跨步落地，左前屈立。
手 右拳屈肘收于右肋处，左手握拳扬肘。

13 第十一举动

立 同 12。
手
! 这两个动作是连续快速的，利用手腕的弹性，左里拳打，接左下段受。注意收紧腋下。

14 第十二举动

立 同 12。
手 左拳屈肘收于左肋处，右拳中段逆突。

18 第二十一举动

 ➡

立 手
同 17。
左手握拳屈肘回收至左肋，然后两手左上右下，中里突。

19 第二十二举动

 ➡

足 立 手
左脚向右脚靠拢，重心移至左腿，右脚向后画弧。
左前屈立。
双手逆时针回旋受，拳收至左右两肋处，然后两手右上左下，中里突。

20 第二十三举动

手 同19。左手手指张开变掌；右手转腕，拳心朝上收至右肋处，然后前伸，拳抵左手掌心。

21 止

足 右脚向左脚靠拢。

立 结立。

手 右拳变掌，左掌托右掌内旋下按，左掌压右掌，交叠在丹田前。

22 直立

立 结立。

手 双手收回，贴于两腿外侧，鞠躬，起身，结束。

形的分解（一）

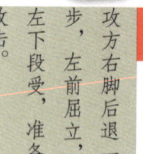

1 攻方右脚后退一步，左前屈立，左下段受，准备攻击。

2 攻方右脚向前跨，右三战立，右上段突。受方右脚向后退一步，左上段受。

3 受方右脚向前跨一步，成右三战立，右拳上段突。攻方右脚后退一步，成左三战立，左上段受。

4 攻方转而提起右腿中段回蹴。受方右脚拉退，四股立，左下段受。

形的分解（二）

1 攻方右前屈立，右拳中段正突。受方右脚后拉左前屈立，左中段受。

2 受方提起右脚，朝攻方中段前踢。

3 受方右脚朝攻方正前方落地屈膝，右前屈立，右手扬肘击打攻方下巴。

4 连接右手里拳，击打攻方脸鼻等要害部位。

击碎第二

击碎有第一、第二之分。击碎第二前半部的内容几乎与击碎第一相同，而后半部加入了挂受、猫足立、回旋受等一些比击碎第一难度更高的技法。

形的演练

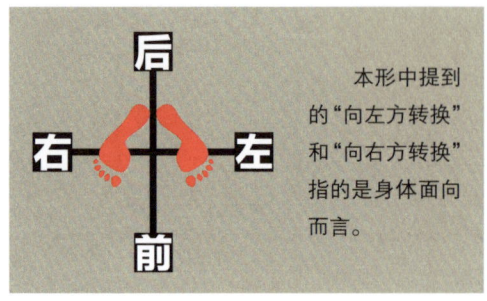

本形中提到的"向左方转换"和"向右方转换"指的是身体面向而言。

击碎第二的 **1**～**15** 动作、要领与**击碎第一**完全相同。

1 直立

手	立	足
两手指尖朝下贴于大腿两侧，身体端正。	结立。	双脚脚尖朝外各开45°。

2 用意

手	立
两手前伸，左掌压右掌，交叠在丹田前。	同1。

3 第一举动

身体左转90°。

手	立	足
右手握拳，屈肘收于右肋处，左手上段受。	左三战立。	身体左转，左脚往左前画弧跨步。

8 第六举动

手 左拳屈肘回收于左肋处，右拳经头侧向右下画弧，下段受。

! 从 6~8 要一气呵成。

足 身体逆时针回转90°，左脚随身转向后回跨一大步。四股立。

9 第七举动

足 左脚画弧内收，面向正前方。左三战立。

手 右拳屈肘收于右肋处，左手中段受。

10 第八举动

足 右脚往右前画弧前跨。右三战立。

手 左拳屈肘收于左肋处，右手中段受。

11 第九举动

足 右脚微屈立稳，左脚前蹴。

手 同 10。

! 前蹴时手部不要下垂。

16 第十四举动

足: 左三战立。
立: 身体向右转90°，左脚画弧前跨。
手: 左挂受。

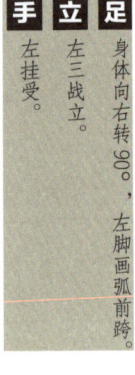

正面

17 第十五举动

足: 右三战立。
立: 右脚画弧前跨。
手: 右挂受。

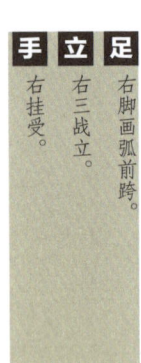

正面

18 第十六举动

手 左挂受。
立 左三战立。
足 右脚画弧后退一步。

正面

19 第十七举动

手 同 18。
足 左腿立稳，右腿前蹴。

正面

20 第十八举动

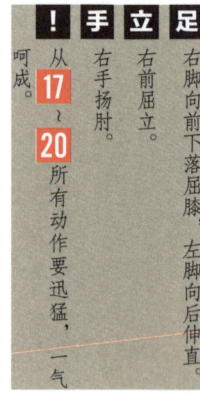
 正面

足立：右脚向前下落屈膝，左脚向后伸直。
手立：右前屈立。右手扬肘。
!：从 17～20 所有动作要迅猛，一气呵成。

21 第十九举动

 正面

立：同 20。
手：右手里拳打，接右手下段受。

 正面

22 第二十举动

足 身体逆时针转90°，右脚随身转微屈立，左脚内扫挂，落地站稳。

立 平行立。

手 右手掌心向下托左腋，左手变掌回旋至脸右侧。右手握拳回收，左手在左脚落地的同时内手刀打出。

23 第二十一举动

足 左脚向左后撤步，脚尖外展45°，重心后移至左脚，右脚尖点地。

立 右猫足立。

手 左手向右击。

! 面向右前45°。

27 第二十五举动

足：右脚脚尖外展45°，身体重心移至右脚，左脚尖点地，左猫足立。

手：左回旋受。右手指尖朝上，收抵右肋处；左手指尖朝下，收抵左肋处。

28 第二十六举动

足：同27。

手：右掌向上，左掌向下，同时推出。

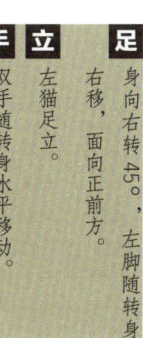

29 第二十七举动

足：身向右转45°，左脚随转身右移，面向正前方，左猫足立。

手：双手随转身水平移动。

30 第二十八举动

手立 同29。右手转腕，掌心向上收抵在右肋处，接着前伸，以掌背推抵左手掌心，两手相叠于下腹前。

31 止

手立足 结立。左脚向右脚靠拢。左掌托右掌内旋下按，左掌压右掌，交叠在丹田前。

32 直立

手立 结立。双手收回，贴于两腿外侧，鞠躬，起身，结束。

形的分解（一）

1 双方以准备格斗架势开始。攻方右脚前跨，右拳上段正突。受方以底掌推抵攻方右腕进行格挡，同时前脚前踏一小步，贴近攻方前脚后跟位置。

2 受方抬起前脚，以脚掌从内扫挂攻方前小腿下后侧，右手抓握攻方右臂手腕背向后拉。

3 受方前脚收回落地，右手继续抓拉攻方右腕，左手内手刀劈向攻方颈部要害部位。

形的分解（二）

1 双方以准备格斗架势开始。攻方右前屈立，右拳中段正突。受方向左侧闪身，右脚猫足立，右手挂受。

2 受方右手顺势擒拿攻方右手。

3 右手继续向前下拉。

4 受方左脚下落，靠攻方右侧，接着，以里拳击打攻方右脸等要害部位。

碎破

碎破，原是开手形最初的形，同时也是比较难的一种形。碎破的站立架势包括三战立、四股立、前屈立、猫足立和鹭足立等，非常丰富多样。应用招式方面，在普及型单纯的基本招式和动作上，产生了"取技""离技""倒技"（即擒拿摔跤）等许多应用招式，颇为复杂。碎破的演武时间短，对速度要求比较高，因此具有很强的实战性，也有许多可以直接转变成护身技术的简单易学的技法。

练习碎破时，视线非常关键。碎破视线转变的情况非常多，这和身体的灵活转变有一定的关系。视线的转移还往往具有指示方向等不同的含义。

形的演练

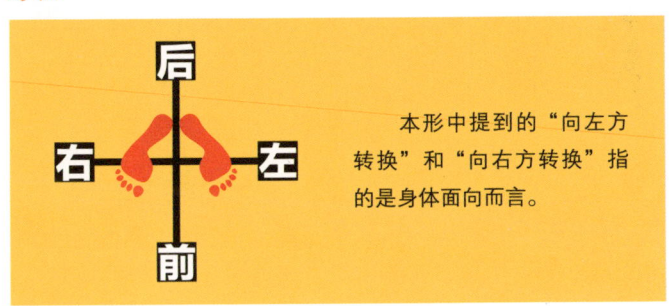

本形中提到的"向左方转换"和"向右方转换"指的是身体面向而言。

1 直立

足：双脚脚尖朝外各开45°。

立：结立。

手：两手指尖朝下贴于大腿两侧，身体端正。

目：目视身体正前。

2 用意

立：同1。

手：两手前伸，左掌压右掌，交叠在丹田前。

3 第一举动

身体左转90°。

足　右脚前跨，身体向左转90°，左脚迅速靠拢右脚，结立。

手　两手交握向身内牵引，使交握处紧贴右乳下。

目　目视身体前方。

4 第二举动

立　同3。

手　两手交握平移至左乳下。

5 第三举动

足　右脚向右大跨一步。

立　四股立。

手　两手分开，右手屈肘附左肩，左手立掌向右推。

目　目视身体右方。

34

6 第四举动

立 手　同5。
右拳上段朝正前方里拳打，击打后小臂和肩膀垂直。左手立掌，拇指于水月位置。

! 从3~6要一气呵成。

7 第五举动

身体右转90°

足　右脚向右跨转90°，转身向右。
立　右前屈立。
手　两手交握，握于下腹前方。
目　目视身体前方。

8 第六举动

足　右脚回收，脚跟相触。
立　结立。
手　两手交握向身内牵引，使交握处紧贴在左乳下。

11 第十三举动

足：左脚向左前跨转90°，身体随之转向朝正前方。
立：四股立。
手：两手随转身水平移动。
目：头部转向右侧，目视身体右方。

12 第十四举动

足：左脚立稳，右脚回收上提。
立：鹭足立。
手：左手肘部下沉，转掌上托，指尖向前；右拳手指张开，翻掌下按至右腿右侧。
目：头部转向右前45°。

13 第十五举动

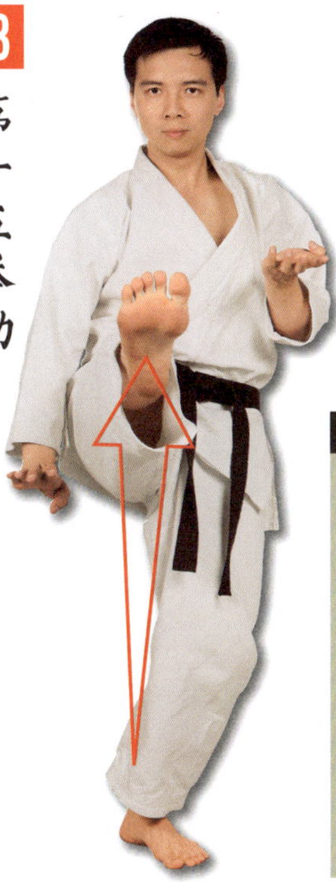

足：左脚立稳，右脚前踢。
立：结立。
手：同 12
目：头部转向正前，目视前方。

14 第十六举动

足	立	手	目
右脚向右侧大跨步落地。	四股立。	同 12。	头部转向左前 45°。

15 第十七至十八举动

! 左右互换，重复 12～13。

16 第十九举动

足：左脚向左后伸，右脚向右前跨步。右前屈立。

手：两手向正前上方伸直，屈指握拳回拉，拳心向下收抵在两肋处，再向前平行突。

目：目视身体前方。

17 第二十举动

立：同16。

手：左拳张开为掌，右拳与左掌心交击于下腹前方。

目：头微低，看向拳掌。

18 第二十一举动

正面

足：右脚向左跨，身体逆时针回转180°。左前屈立。

手：双手转腕，右拳变掌，屈肘横于左手之上；左手内手刀打出。

目：目视身体前方。

19 第二十二至二十三举动

正面

正面

正面

重复 16~17。

20 第二十四举动

手：左前屈立。
双手转腕，右拳变掌，屈肘横于左手之上；左手内手刀打出。
目：目视身体前方。

21 第二十五举动

足：身体右转90°，左脚直立，右脚内扫挂。
立：鹭足立。
手：左手抓擒，右手上扬。
目：头部转向正前方，目视身体右方。

22 第二十六举动

立：同21
手：同22
目：右拳手指张开，拇指内扣，向前伸直，然后屈肘收回于肋部，立掌抵在右肋处。左手向右里突。

23 第二十七举动

足：右脚落地。
立：平行立。
手：左手握拳回收至左肋处，右手拳槌。
目：同21

41

24 第二十八至三十举动

身体顺时针转180°，左右互换，重复 **21**~**23**。

25 第三十一举动

足：右三战立。
手：左手中段正突，右拳收至右肋处。
目：目视身体前方。

身体顺时针转90°，右脚向左后跨步。

26 第三十二举动

足：左脚向前屈立。
手：双手变掌，右手向前伸直，与左手掌心相对，右手下，左手上。
目：目视身体前方。

左脚向前跨步。

27 第三十三举动

足：右猫足立。
手：双手随转身水平移动。
目：目视身体前方。

身体右转180°，面向正前，重心移至左脚，右脚后收点地。

身体右转180°。

28 第三十四举动

立：同27。
手：左手翻掌，掌心向上收抵在左肋处；右手翻掌，背刀回收，掌心向下抵在左胸。

29 第三十五至三十六举动

立 同 **27**。
手 右回旋受，左上右下。然后双推掌。

30 第三十七举动

立 同 **27**。
手 左手翻转向下，以掌托右手手刀部位。两手平端于丹田前方。

31 止

足 右脚收回。
立 结立。
手 两掌内旋十字交叉，以左手掌托右手背向上端，至胸口。两掌内旋，翻转向下。左手掌心贴盖在右手掌背，交叉于丹田前方。
目 目视身体前方。

32 直立

立 结立。
手 双手收回，贴于两腿外侧，鞠躬，起身，结束。

形的分解（一）

1 双方相对而立。攻方伸出两手抓住受方左手小臂，受方双手交握朝右回拉。

2 受方右手拉握左拳背，从攻方的手中挣脱。

3 攻方左拳翻转，朝受方中段正突。受方右手以底掌拍挡攻方左拳背。

4 受方右手抓攻方左手腕，左手里拳打攻方眉心。

形的分解（二）

1. 双方相对而立。攻方伸双手抓住受方衣领。

2. 受方双手朝攻方两肋同时朝攻方两肋击打。

3. 击中攻方后，将攻方两手向上架提。

4. 顺势擒拿攻方两手腕部，两手向外翻转，并扭转向下。

5. 受方左脚后退跪于地，右脚屈蹲。双手随身体下沉，从两侧用力向后牵拉攻方两手，使攻方失去重心而身体朝前倾。

6. 受方握拳朝攻方两侧太阳穴等要害部位拳槌。

制引战

制引战，是一种适合与碎破一同练习的形。但是在招式的数目上，制引战比碎破更多。它没有足技，手部招式多采用离技，细微招式的连续非常醒目。与其他形的招式防多于攻不一样的是，制引战攻防各半，以左右对称的平衡组成，是攻守平均的形。

制引战以四股立为中心，兼有其他招式的攻防。四股立的转身移动，乍看之下，给人一种稳重的感觉，尤其是刚开始的45°四股立，被称为"虎的架势"。在攻击招式中，多为踏入的直线动作，又似老虎的跳跃。可以说，四股立动作的快慢和姿势的美丑，直接决定着制引战演武的好坏。

形的演练

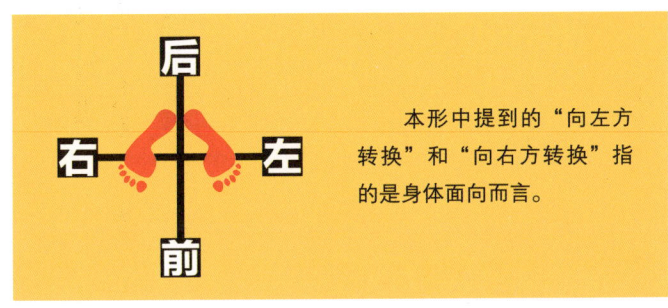

本形中提到的"向左方转换"和"向右方转换"指的是身体面向而言。

1 直立

足：双脚脚尖朝外各开45°。

立：结立。

手：两手指尖朝下贴于大腿两侧，身体端正。

2 用意

立：同1。

手：两手前伸，左掌压右掌，交叠在丹田前。

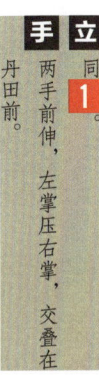

7 第五举动

立手 同3。
右掌翻转朝前，然后手指微屈，掌心向左，收抵在右肋部；左手刀向右下伸，左臂横于腹前。

8 第六举动

足立 四股立。
左脚向左前45°大跨一步，身向右转90°。

手立 左掌翻转向下，指尖与右手指尖相触，同时右手掌向下摆两手于腹前拱立成三角形。

目 头向左转，目视身体左前方。

9 第七至十举动

左右手互换，重复 4～7。

10 第十一举动

11 第十二至十五举动

足：右脚向右前45°，大跨一步。四股立。
手：左手指尖与右手指尖相触后，两手翻转，于腹前拱立成三角形。
目：头向右转，目视身体右前方。

重复 4～7。

12 第十六举动

手：右手屈指握拳，以拳背击打左手掌心。

立：四股立。

13 第十七举动

手：右拳翻转中段正突，左手掌翻转贴于右拳背。

目：头转向前，目视身体前方。

足：左脚向右转90°，向正前方，提右脚向前跨半步落地。

立：右三战立。

14 第十八举动

足：右脚回退半步。

立：左三战立。

手：右手扬肘，拳心与右脸相对；左手横臂，以掌附推左肘。

15 第十九举动

足：双腿随身转，转向右前45°。

立：右三战立。

手：右手在身前逆时针画一周，中段受，左手推掌辅助。

!：13~15所示动作要一气呵成。

16 第二十举动

足：左脚向前迈一大步，身体转向右后45°。
立：四股立。
手：右拳收至右肋处；左拳自右肩前向左下划，下段受。
目：目仍视右前45°方向。

17 第二十一举动

足：右脚向左后45°方向回撤，身体随之转向正面。
立：四股立。
手：左拳收至左肋处；右拳自左肩前向右下划，下段受。
目：目仍视右前45°方向。

18 第二十二举动

足：左脚回收，向左前方45°。
立：左三战立。
手：左手中段受，右手推掌辅助。
目：目视左前45°方向。

19 第二十三至二十四举动

！左右手互换，重复 **16**～**17**。

20 第二十五举动

足：左脚跨步退后，身体朝向左方。
立：四股立。
手：右掌从左上翻转朝右下压，掌心朝下；左手朝左上后收至左额，掌心朝外。
目：头转向前，目视正前方。

21 第二十六举动

足：右脚朝后退一大步，身体顺时针180°转向右方。
立：四股立。
手：左掌从右上翻掌朝左下压，掌心朝下；右手朝右上后收至右额，掌心朝外。
目：头转向前，目视正前方。

22 第二十七举动

足 右脚提膝向前跨步。

立 右三战立。

手 右手握拳,肘部内摆,右小臂与身体平行,拳高与下巴齐平;左手以掌拍推右手里小手。

目 头转向前,目视正前方。

23 第二十八举动

足 右脚提小腿后勾,然后前跨落地。

立 右三战立。

手 左手改握右小臂中端,右拳向前里拳打,肘部回落,小臂立直,拳心向后。

24 第二十九举动

足 左三战立。
立 身体转向左后45°。
手 左手中段受,右手下段受。

25 第三十举动

足 左脚向左后45°。大跨步。
立 四股立。
手 左手拳心向上收抵在左肋处,右手屈肘握拳向上突。

26 第三十一举动

足 同 25
立
手 右手朝右侧上段里拳打,接着下段受。

27 第三十二举动

足 四股立。
手 右拳回收至右肋处；左手下段受。
目 目仍视左后45°。

右脚后退回跨一大步，身体转向左前45°。

28 第三十三举动

足 右猫足立。
手 左拳回收至左肋处，右手后肘。
目 目视前方。

身体顺时针转正面向前方，右脚回收。

29 第三十四举动

足 左猫足立。
手 右拳回收至右肋处；左手后肘。

右脚后退一步，重心移至右腿。

30 第三十五举动

足 左三战立。
手 右手中段受，左手下段受。
目 目视右后45°方向。

左脚向右迈步，身体转向右后45°。

31 第三十六举动

足	立	手
右脚向右后45°方向跨步。	四股立。	右手立掌胸前，左手里突。

32 第三十七举动

立	手
同31。	左拳向左侧上段里拳打，随即转臂下段受。

33 第三十八举动

足 四股立。
手 右手下段受,左手回收至左肋处。
目 仍目视右后45°方向。

34 第三十九举动

足 左猫足立。
手 右拳翻转收至右肋处,左手后肘。
目 目视正前方。

左脚向左回跨一大步,身体转向右前45°。

35 第四十举动

足 左猫足立。
手 左拳收至左肋处,右手后肘。

左脚向后退步。

36 第四十一举动

身体转向前,左脚向回收。

足 右三战立。
手 左手立掌画弧从左后方画至正前方,右手从左臂内侧穿出,然后折臂向内收,贴抵胸口。

右脚提小腿后勾,接着向前迈出。里拳打。

59

37 第四十二举动

足立：右脚向后回退一步。左猫足立。

手：右拳手指张开变掌，转腕；左手前伸。两手平齐，虎口相对。

38 第四十三举动

足立：同37。

手：两手屈肘向后扩至两侧，两腕下弯，指尖在下巴下方相触，然后上提，里小手靠拢，随即分开下摆至胸前，两掌斜拱，指尖相对但不相触。

39 止

足立手
同37。
左猫足立。
两手向两侧画弧下摆,掌心向上,右手刀部位贴在左掌,两手在丹田前方交叠。

40 直立

足立手
右脚收回。
结立。
双手内旋翻转,收回,贴于两腿外侧,鞠躬,起身,结束。

形的分解（一）

1 双方相对而立。受方双手被攻方抓住手腕后，一边折臂上翻转，一边将拳举，试图从攻方的手腕牵引扭至腕关节极限点。

2 受方双拳翻转，向外侧下压，以便从攻方手中挣脱。

3 随后攻方右脚前跨，左拳中段逆突。受方右脚向右后回跨一大步，转身向前，四股立，两手手指张指变掌，以左手内手刀受格挡。

4 受方左手顺势擒拿攻方左臂，右手朝攻方腋下贯手突。

形的分解（二）

1 双方相对而立。攻方右手伸手抓握受方右手腕。

2 受方右拳翻转，并折臂朝身内收，左手从右手下方穿过抓握攻方右手背。

3 受方左手将攻方右手向左后拉，右手挣脱后翻转，朝攻方膻中穴、心月等要害部位正突。

4 跟着左手伸至攻方脑后，向前下方按压攻方头部，右手扬肘击打攻方下巴等要害部位。

形的分解（三）

1 攻方从身后环臂抱住受方。

2 受方提起右脚朝攻方右脚背踵蹾，使攻方因疼痛而松开手臂。

3 受方右脚朝前点地，右猫足立。身体微下蹲，两臂同时上抬，架起攻方右手，左手右伸擒拿攻方右手手腕。

4 受方右手辅助左手抓握攻方右手腕，并上抬举过头，同时身体逆时针回转180°。

5 受方双手抓牢攻方右手腕，同时顺时针扭转，直至攻方转身倒地。

6 受方双手继续用力扭攻方右手，身体随攻方倒地方向转，左膝顶压攻方右后背臂关节，右腿屈膝夹住攻方右手肘关节，将其制伏。

四向战

四向战是宫城长顺晚年最喜欢的形，它整合了贯手突、底掌突等开手的技法，采用强有力的直线攻击，以及圆形的移动和格挡。

开手技法的诀窍是气聚于丹田，手掌张开，拇指与掌面紧握，以气贯指。此外，施展逆关节技之极技时腰部的扭转，也是本形的特征之一。

形的演练

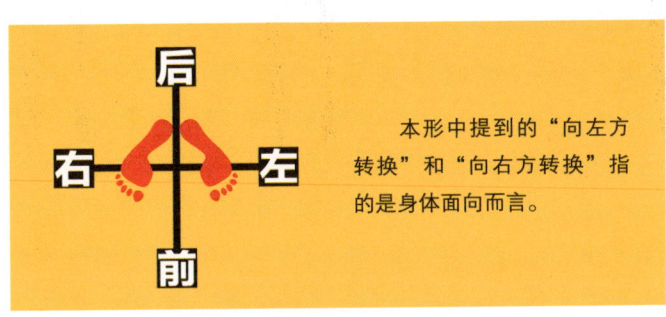

本形中提到的"向左方转换"和"向右方转换"指的是身体面向而言。

1 直立

足 双脚脚尖朝外各开45°。

立 结立。

手 两手指尖朝下贴于大腿两侧，身体端正。

目 目视身体正前方。

2 用意

立 同1。

手 两手前伸，左掌压右掌，交叠在丹田前。

3 第一举动

足立 右脚画弧向右前方跨一步。右三战立。

手 两手画弧上扬，折肘分开，掌心相对。

4 第二举动

立同 3。

手 左臂后收，指尖向前，以掌心贴左肋部，然后贯手突。

！ 动作迅猛，一气呵成。

5 第三举动

立同 3。

手 左臂折臂向上，恢复到 3。

6 第四举动

足 左脚画弧向前跨一步。

立 左三战立。

9 第九举动

手：两手向内转，手刀相贴，掌臂垂直，两手向上举至与颈部等高。
立：右三战立。

10 第十举动

足：左前屈立。
立：右脚向后退一大步。
手：两手屈指握拳向身体两侧用力下摆，手臂与身体呈45°，提拳，拳眼向前。

11 第十一举动

足：右脚画弧向右前大跨一步，身体转向右前45°。
立：右前屈立。
手：两手手指张开变掌，后，右掌折肘向右上托画圆，双手画弧胸前相交，掌心朝上，高与肩平，左手指尖向前，朝后侧下按。
目：目视右前45°。

12 第十二举动

足立：左前屈立。

手：重心移至左腿，身体转向左方。双手画弧胸前相交后，左手擒拿，掌心朝前收抵在左肋部，右手刀外受。

目：头部转向右边，目视身体右侧。

13 第十三举动

足立：左脚画弧向左前45°斜跨。左前屈立。

手：双手画弧胸前相交后，左掌折肘向左上托画圆，掌心朝上，高与肩平，右手指尖向前，朝后侧下按。

目：目视左前45°。

14 第十四举动

手：双手画弧于胸前相交后，右手擒拿，掌心朝前收抵在右肋部，左手刀外受。

目：头部转向左边，目视身体左侧。

足：重心移至右腿，身体转向右方。

立：右前屈立。

15 第十五举动

足：左脚收回与右脚并拢，身体左转向前。双腿微屈，头朝下弯。

立：闭足立。

手：左手屈指握拳，拳心朝上收抵在左肋处。右手握拳，扬肘，拳置于脑后。

16 第十六举动

足：右脚前跨一步，身体逆时针转180°。

立：左前屈立。

手：两手变掌，右掌自上而下朝右侧下按，指尖朝前，左手正前底掌打。

17 第十七举动

足：右脚为轴，身体顺时针回转180°向前，左脚靠近右脚，然后后跨一步。

立：右前屈立。

手：左掌指尖朝前并向左侧下按，右掌正前底掌打。

25 第二十七举动

足：右前屈立。身体右转90°。向前，左脚靠近右脚，然后向后跨一大步。

立：右前屈立。

手：左手掌心朝右，拇指端收抵在胸口；右手扬肘。

26 第二十八举动

足：逆时针转身180°。

立：左猫足立。

手：双手画弧于胸前交叉后，屈肘立腕，掌心向后，手刀间距与身体等宽。

27 第二十九举动

足：右脚前跨。

立：右前屈立。

手：两手握拳扬肘，向前低头。

28 第三十举动

足：左脚画弧向左前45°跨步。

立：左前屈立。

手：两手变掌，画弧于胸前交叉后，右手指尖朝前，向右侧下按；左手指尖朝前，向左前方上托画圆，高与肩齐平。

目：目视左前45°。

29 第三十一举动

【足】立 右前屈立。身体重心右移。

【手】目 双手画弧于胸前相交后,右手擒拿,左手刀外受。头部转向左方,目视身体左侧。

30 第三十二举动

【足】立 右前屈立。右脚略收,然后朝右前45°跨步。

【手】目 双手画弧于胸前相交后,左手指尖朝前,朝左侧下按;右手屈肘朝右上托掌画圆,高与肩平。头部转向右前45°,目视右前45°。

31 第三十三举动

【足】立 左屈立。身体重心左移,身体面向左方。

【手】! 双手画弧于胸前相交后,左手擒拿,右手刀外受。头部转向右方,目视身体右侧。

32 第三十四举动

【足】立 闭足立。右脚收回与左脚并拢,身体右转。双腿微屈,头朝下弯。

【手】 右手屈指握拳,拳心朝上收抵在右肋处。左手握拳,扬肘,拳置于脑后。

33 第三十五举动

足 右脚前踏半步，身体逆时针180°。转向前。
立 左猫足立。
手 两手张开为掌，画弧于胸前相交后，左手指尖朝右，掌心朝下，横按于下腹前；右手上托，指尖朝前，掌心向上。

34 止

足 同33。
立 同33。
手 左手翻掌向上，指尖朝前；右手向前下伸，以手刀部交叠于左手掌心。

35 直立

足 左脚收回。
立 结立。
手 双手内旋翻转，收回，贴于两腿外侧，鞠躬，起身，结束。

75

形的分解（一）

1 双方相对而立。攻方右手上段正突。受方两手掌手指分开，以掌背朝手折摆，攻方右手上段受。同时，右手朝攻方水月贯手突。

2 受方两手十字交叉架住攻方右手。

3 受方左脚向前跨一步，右手擒拿攻方右手外手腕，左手朝右后拉，左手刀外受。

4 受方右手抓牢攻方外手腕，左手内小手向攻方右手后肘用力下压，两手使力折压使攻方屈身下蹲。

形的分解（二）

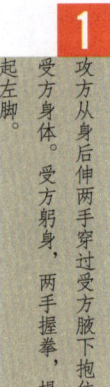

1 攻方从身后伸两手穿过受方腋下抱住受方身体。受方躬身，两手握拳，提起左脚。

2 受方左脚朝攻方左脚背踵蹴，同时右手后伸，环抱攻方后颈。

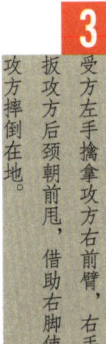

3 受方左手擒拿攻方右前臂，右手用力扳攻方后颈朝前甩，借助右脚使绊将攻方摔倒在地。

4 受方右膝顶住攻方右腰，双手抓牢攻方右手腕向后拉，并用左膝顶住让其肘关节受压。

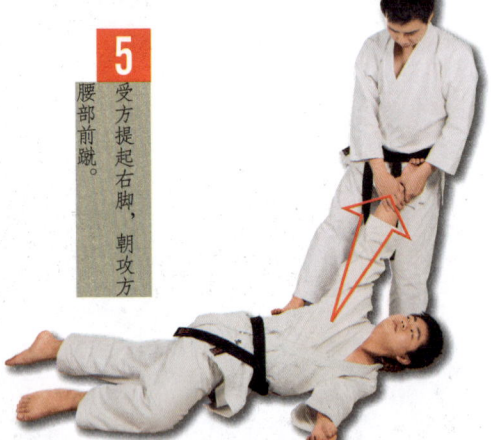

5 受方提起右脚，朝攻方腰部前蹴。

三十六手

三十六手大多是利用前屈立架式踏入的直进动作,与龙的动作相似,所以在刚柔流的形中被喻为"龙"。前奏部的动作,**三十六手不像制引战或碎破等从"离技"开始,而是从三战动作开始,加上威力极大的踢技的加入,对远处的攻击非常有效,也是刚柔流中"刚"的形。**

除了极富攻击性的踢技之外,三十六手的移动方法也颇具特色。它在前屈立的攻击招式中,由高移向低的位置,又由下向上使出突技般地跳到直面攻方的位置。

这种形所使用的招式中,绝大多数都是攻击招式,而防御的招式则较少。这些攻击招式很多都是在转身的同时,展开有力的攻击,力量的叠合使得攻击的威力更加惊人。在练习中,要采取正确的呼吸方法,并且根据各招式的顺序,掌握好正确的速度感。

形的演练

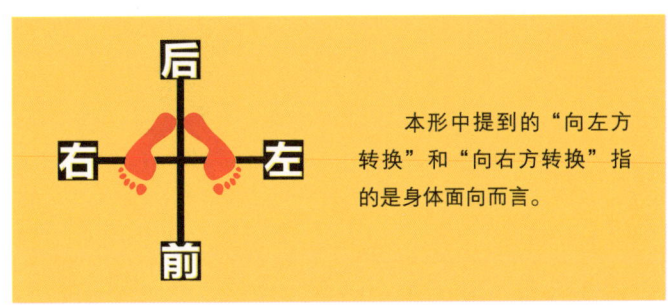

本形中提到的"向左方转换"和"向右方转换"指的是身体面向而言。

1 直立

足:双脚脚尖朝外各开45°,结立。
立:身体端正。
手:两手指尖朝下贴于大腿两侧。

2 用意

足:同1。
立:同1。
手:两手前伸,左掌压右掌,交叠在丹田前。

3 第一举动

足：右脚往右前方画弧跨半步，两腿微屈。

立：右三战立。

手：两臂夹紧肋骨，双手屈肘朝外打开，成"V"字形。

4 第二举动

立：同 3。

手：左拳往回收于左肋处，拳心朝上，转腕，正拳中段突。

5 第三举动

手 立 足

左脚向前跨步。

左三战立。

左拳屈肘收回，由内而外朝左侧外摆；右拳往回收于右肋处，拳心朝上，转腕，正拳中段突。

6 第四举动

手 立 足

右脚朝前迈半步。

右三战立。

右拳屈肘收回，由内而外向右侧外摆；左拳往回收于左肋处，拳心朝上，转腕，正拳中段突。

7 第五举动

手 立
同 6。

右拳化掌刀，掌心朝下从左拳上方划至左肩，然后画弧向右前方推出；左拳画弧自胸前转腕，拳心朝上，屈肘收于左肋。

8 第六举动

足 立 手 目

右脚朝后方大退一步。

左前屈立。

右手握拳收至右肋处，左手手刀下段受。

眼睛看向前方地面。

9 第七举动

足 立 手 目

左脚尖左转90°，右脚斜向前跨一大步。

四股立。

左手刀翻掌，掌心朝上，屈肘收于左肋。右掌朝前下方推打。

眼睛仍看向前方地面。

10 第八举动

足 左腿以脚后跟为轴，右转向正前方，身体转向前。

立 右前屈立。

手 左手向右下方推出，与右手在身前交叉。

11 第九举动

足 右腿立稳，左脚朝正前中段前踢。

12 第十举动

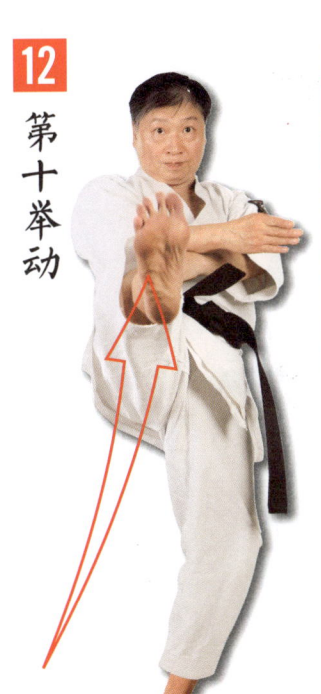

足 左腿收回立稳，右脚朝正前中段前踢。

立 11～12一气呵成。

13 第十一举动

足 右腿前跨落地。

立 右前屈立。

手 两手屈指握拳，右拳从右下方朝右上方收回，以拳心去掩右耳，左拳中段正突。

83

20 第二十二至二十四举动

! 重复 12～14。

21 第二十五举动

正面

足：右脚落地，左脚向左后方迈一大步，身体逆时针转动90°。四股立。

手：双拳提至两肋，然后十字受。

22 第二十六举动

足：以左脚为轴，身体顺时针回转180°，面向正前方。

立：同 21。

手：双拳变手刀提至两肋，然后十字手刀受。

85

23 第二十七举动

足 立 手
以左脚为轴，身体逆时针回转180°。
四股立。
右掌掌心朝上屈肘上段受；左手屈肘，掌心向上贯手横推于腹前。

24 第二十八举动

足 立 手
身体顺时针转90°，提右小腿后勾，右脚前迈。
右三战立。
两拳左上右下中里突。

25 第二十九举动

足 立 手
以左脚为轴，身体逆时针扭转180°。
左三战立。
右手握拳收至右肋处，左手中段受。

26 第三十举动

足 立 手
右脚向前迈步。
右三战立。
左拳收至左肋处，右手中段受。

27 第三十一举动

足：左脚向右前方跨步，身体顺时针转90°。
立：四股立。
手：两拳变掌，手指分开左掌翻转，扬起至额部上段受；右掌掌心向上贯手横推于腹前。

28 第三十二举动

足：身体逆时针转90°，提右小腿后勾，左脚前迈。
立：左三战立。
手：两拳右上左下中里突。

29 第三十三举动

足：右脚以脚后跟为轴，身体逆时针旋转90°，左脚逆时针180°。大跨步，面向左前45°。
立：四股立。
手：两拳化掌，手腕交叉翻转分开，头。两手屈肘，双臂夹紧，右手鹤头微上扬，左手鹤头横于腹前。

30 第三十四举动

手 同 **29**。两手化手刀，右手刀斜向下打，左手刀以掌心托抵右手刀。

立

31 止

足 右脚向左脚靠拢，转身向前。

立 结立。

32 直立

手 同 **31**。双手内旋翻转，收回，贴于两腿外侧，鞠躬，起身，结束。

立

形的分解（一）

1 双方相对而立。攻方左脚中段前蹴。受方右掌掌底受格挡。

2 攻方右脚中段前蹴。受方十字手刀受阻挡攻方攻击。

3 趁攻方右脚回落之时，受方提起右脚，朝攻方中段前蹴。

4 紧接着右脚回落，右前屈立，右拳朝攻方胸部等要害部位正突。

形的分解（二）

1 双方相对而立。攻方左脚上段正突。受方右脚前跨，左脚上段跨向攻方左脚侧，四股立，两手手指张开变掌，右手上段受，左手朝攻方胸肋部贯手。

2 受方左脚略向右移，身体稍直起，右手拍抓攻方右肩，左手转而向上擒拿攻方左大臂上端。

3 受方两手顺时针拉转攻方身体，并提右脚下扫攻方左腿，将攻方绊倒在地，弓腰下弯，朝攻方胸口等要害部位平行突。

十八手

十八手的特征是含有许多处理接近战时所采取的攻击技、离技、解技防身术。十八手的演武线为"木"字形，它融合了四个方向的移动，45°角攻击。动作变化很多，可以从很快的动作突然转变成缓慢而具有力量的动作，然后再次变成快速的动作。十八手中巧妙的圆形动作更是令人叹为观止。

形的演练

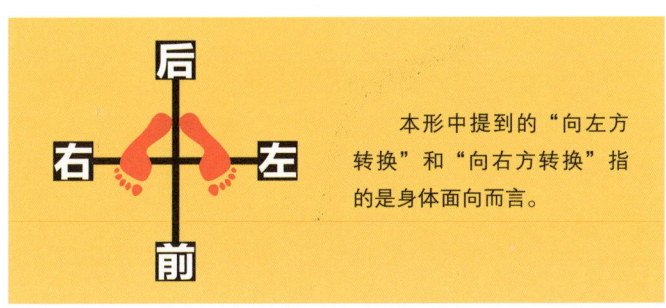

本形中提到的"向左方转换"和"向右方转换"指的是身体面向而言。

1 直立

足 双脚脚尖朝外各开45°，结立。

手 两手指尖朝下贴于大腿两侧，身体端正。

目 目视身体正前方。

2 用意

立 同1。

手 两手前伸，左掌压右掌，交叠在丹田前。

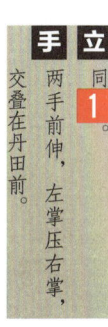

3 第一举动

足	立	手	目
左脚向后退一大步，身向左转。	四股立。	左手由内向外画圆，然后下落，立掌于胸前；右手由下至上画圆，再朝前以手刀下落，右手伸直与肩高，指尖向前。	头部仍向前，目视正前方。

4 第二举动

足	立	手	！
身体转向正前方，左脚前跨。	左三战立。	右手翻转向下，左手转掌向上，两手右上左下相握后旋转内收，再向前推后翻转，使左掌在上，右掌在下。	前进完毕，吸气提肛。

5 第三举动

足 四股立。

手 右脚前跨，身体转向正左方。

! 手肘内折，双手相握，自右肩移至左胸前，右肘尖朝前。头部仍向前，目视正前方。

6 第四举动

足 左脚向前跨一大步，身体顺时针180°转身，右脚朝后屈蹲。

立 大后屈立。

手 两手分开，右手朝左侧下摆，左手从右臂上方划向右肩，接着右手抬肘向后，左手翻转，朝正前方下段推掌。

7 第五举动

立 同 6。

手 左手屈肘收回，再朝外翻转，掌心向上，指尖向前，略高于肩。

8 第六举动

足 身体左转向前，重心移至左腿。

立 左前屈立。

手 左手收至左肋处，指尖朝下；右手上段手刀。

9 第七举动

足 左脚立稳，身微后仰，抬起右脚前踢。

10 第八举动

足 四股立。
立 右脚收回后跨一步，身体向右转。
手 右手收至右肋处；左手握拳回肘。

11 第九举动

手 左手正面里拳打，折臂回收，拳心向后，拳高于肩。

! 9~11需一气呵成。

12 第十举动

立 同10。

足 身体转向正后方，右脚略回收。
立 右猫足立。
手 右手下段受；左拳回摆，拳心向下横托于右肘和右肋之间。

正面

13 第十一举动

立 同 12。

手 右手中段受,肘尖抵左拳背,高与肩齐平。

正面

14 第十二举动

立 同 12。

手 右拳转掌向前挂受。

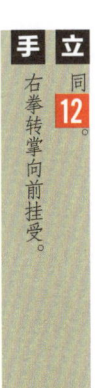

正面

15 第十三举动

足 右三战立。
立 身体顺时针扭转180°，面向正前方。
手 双手画圆，左拳收抵在左肋处，右拳左摆，横挡于胸前。

16 第十四举动

足 右三战立。
立 身体逆时针回转270°，面向右后方45°。
手 双手变掌，左手画圆提至左肋处，右手画弧，下推掌。

17 第十五举动

足 左三战立。
立 左脚向前跨一小步。
手 左手开掌下压，右手向上方推掌。

18 第十六举动

足 四股立。
立 右脚前跨一大步，身体转向右前45°。
手 左手转掌，掌心向上；右手转掌，掌心向下。两肘同时向身体两侧外拉，两掌心在身前上下相对。

19 第十七举动

足　头部微左转，左脚立稳，右脚向内向上勾提，顿足踏回原位置，两腿屈膝。

立　四股立。

手　两手握拳收抵在两肋处，然后朝前下方双拳突。

20 第十八举动

足　右脚向后拉，身体顺时针转180°，面向左后45°。

立　四股立。

手　右拳收至右肋处，左拳下段受。

21 第十九举动

足　右脚向前跨一步，左脚向前跟半步。

立　右三战立。

手　右手向下压掌，左手向上推掌。

22 第二十至二十一举动

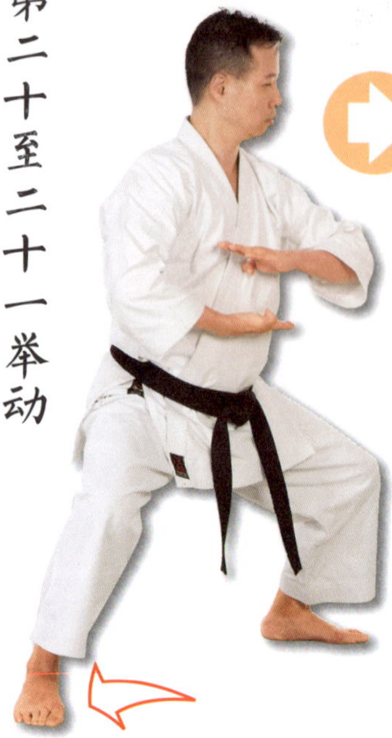

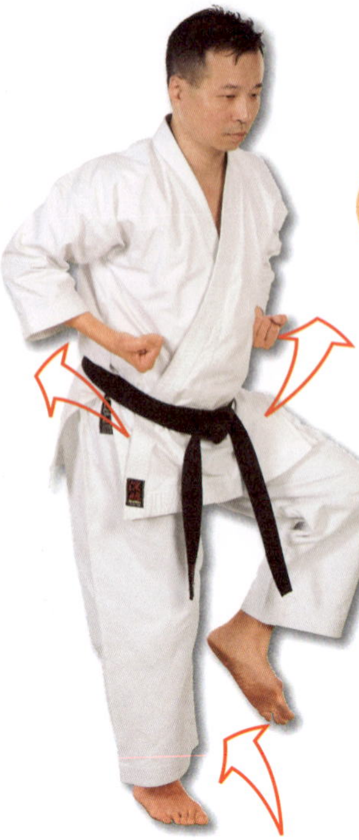

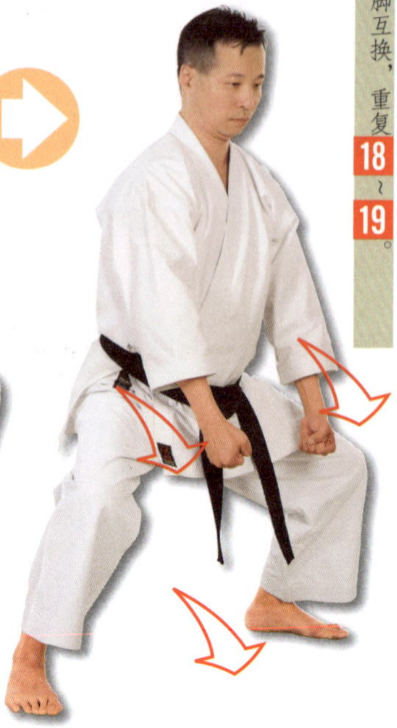

! 左右脚互换，重复18~19。

23 第二十二举动

足 左脚向后拉，身体逆时针转180°，面向右后45°。

立 四股立。

手 左拳收至左肋处，右拳下段受。

24 第二十三举动

足 右脚向左跨一大步，身体逆时针转225°，左脚回收。

立 左猫足立。

手 左手中段受，右手收至背后，再上扬回突。

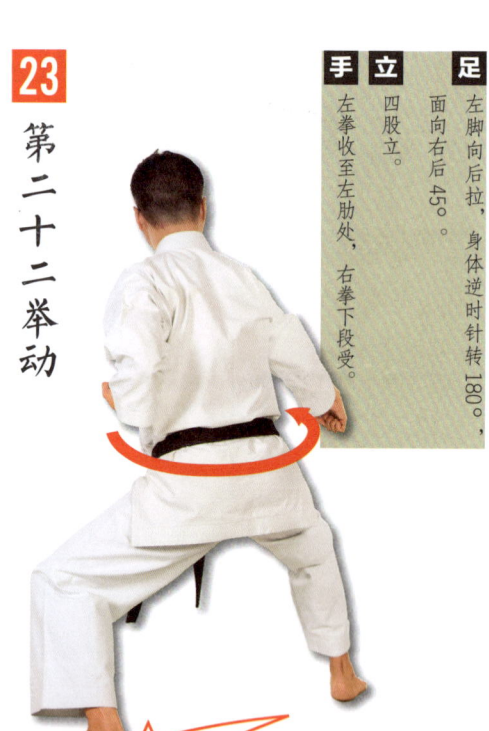

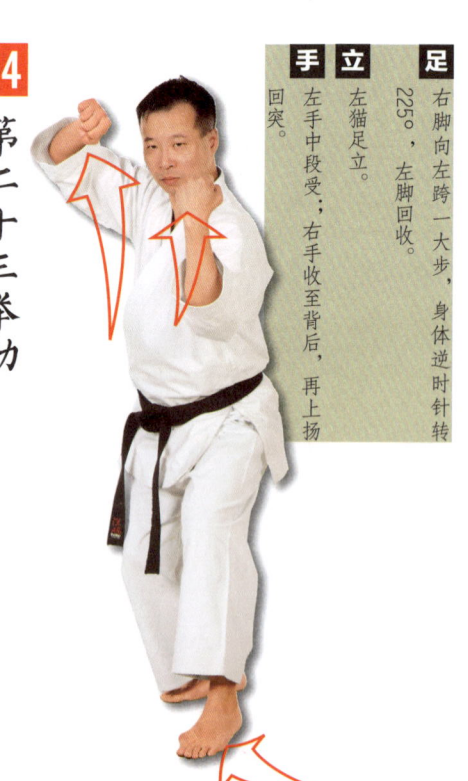

28 第二十七举动

足 身体向左回转90°，面向正右方。
立 左三战立。
手 左拳收至左肋处，右手中段受。

29 第二十八举动

足 右脚前踢，收回，向后跨一大步。
立 四股立。
手 右拳收于水月位置，拳心朝上，左手里突，身体重心往下沉。

30 第二十九举动

足 左脚回收，身体右转90°，面向正左方。
立 右三战立。
手 两拳手指张开，右手挂受。

32 第三十三举动

足 身体顺时针转180°，面向正前方，左脚随之转动落于后方，右脚在前。

立 右猫足立。

手 右手回摆，掌心朝下，指尖朝左，左手指尖朝右，与右掌掌心相对同时收抵于胸口。

33 第三十四举动

足 右脚向后退一步，左脚在前。

立 左猫足立。

手 两手同时转腕握拳，右拳拳心向上，横托在腹部上方，左拳拳心向下，朝前下方打。

34 第三十五举动

手 同33。两手由内向外画圈，左拳手指张开为掌，以右拳击打左掌心。

35 止

足 左脚向右脚靠拢。

立 结立。

手 双手向内翻转下落，左手掌交叉贴右手背于丹田前方。

36 直立

手 同35。双手向两侧划开，贴于两腿外侧，鞠躬，起身，结束。

形的分解（一）

1 双方相对站立。攻方左脚前跨，左手上段正突。受方身体左转90°，右脚向右跨一大步，左手掌格挡攻方攻击，右手朝攻方腰肋部一本拳突。

2 攻方双拳手指张开变掌，擒拿受方右手。受方左脚向前跨，左手再向前与右手交叉紧握。

3 受方两手牵动攻方双手上移，再同时朝右侧翻转下压，促使攻方屈蹲或松手。

形的分解（二）

1 双方相对站立。攻方左前屈立，右拳上段正突。受方左脚朝左前斜跨一大步，身体左转90°。向前，大后屈立，两手手指张开变掌，右手擒拿攻方右腕背向后拉，左手朝攻方裆部推掌。

2 受方右手松开，收抵回右肋处。左手以腕背朝外侧架推攻方右手腕。

3 受方左手收抵回左肋处，右手手刀攻击攻方头部等要害部位。

4 受方提起右脚朝攻方腹部前踢。

形的分解（三）

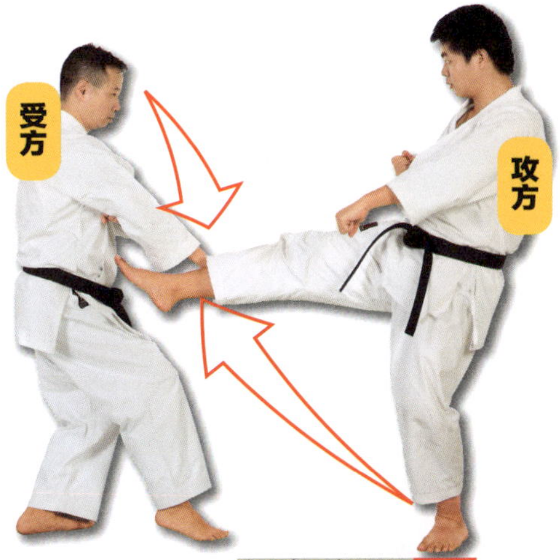

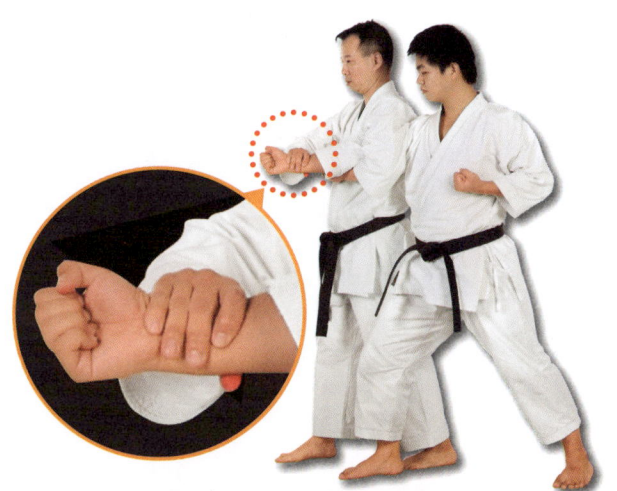

1 双方相对站立。攻方右脚中段前蹴。受方左脚后拉，成右猫足立，右手下段受。

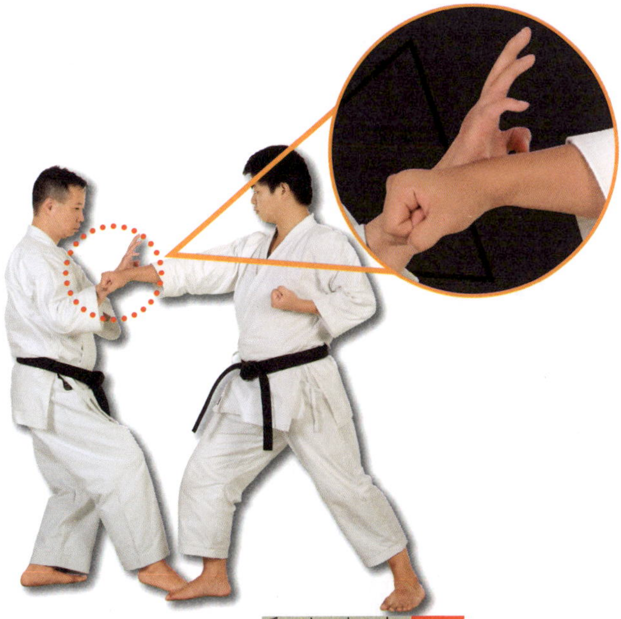

2 攻方右脚向前落地，右拳中段正突。受方右手手指张开变掌挂受，并擒拿攻方右腕。

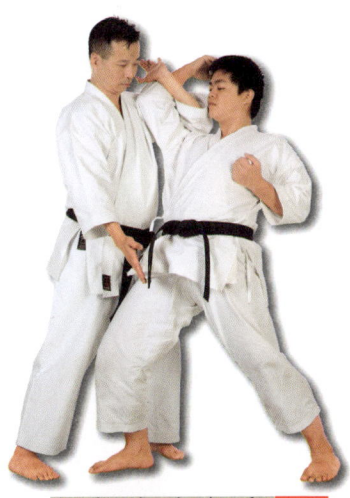

3 受方左脚向攻方右侧前跨，身体顺时针180°转身，右手抓牢攻方右手腕，左手自上而下环抱锁紧攻方右臂。

4 受方右脚向左前跨，身体左转90°，左手锁扣攻方右前臂向后折，右手底掌击向攻方右大腿。

形的分解（四）

1 双方相对站立。攻方左脚前蹴朝受方攻击。受方身体微向右闪避，左手迅速从攻方左脚下方穿过，以臂弯环抱攻方左脚。

2 受方左手抬抱攻方左脚，右手抓提攻方领口，右脚下扫，将攻方摔倒在地。

3 受方身体下蹲成四股立，两手松开，趁攻方倒地之时迅速紧握两拳朝攻方胸腹攻击。

形的分解（五）

1 双方相对站立。攻方左脚向前跨一大步，左拳中段正突。受方右脚后退一步，右拳收抵在右肋处，左手手指张开变掌，以手刀外受划挡攻方左手手腕。

2 攻方右拳上段正突。受方伸右手擒拿对手右手手腕，左手抓攻方左手手腕。

3 受方两手拉转攻方，身体顺时针旋转180°后倒地。

4 受方左脚跪地，右脚屈膝立稳，正顶攻方后脑，双拳捶击攻方两侧太阳穴等要害部位。

十三手

十三手是以稳定的姿势、架式，配合加速踏入的接近，以极端接近后的小招式进行攻守的形。它很少像其他形含有左右对称的因素，而是在十字线的演武线上，四个方向都是不同的攻击招式进行，是把三战活用在实战上的形。

这种形对移动步数和步幅大小并没有硬性的规定，所以也不容易保证终点和起点立正姿势不偏移。练习时，要学会形的顺序，分配好力量的使用，可以通过测算步数或者从几何学上进行调整。另外，这种形在小招式的连续动作上还顾及实战的速度，充分利用开手挂受。

形的演练

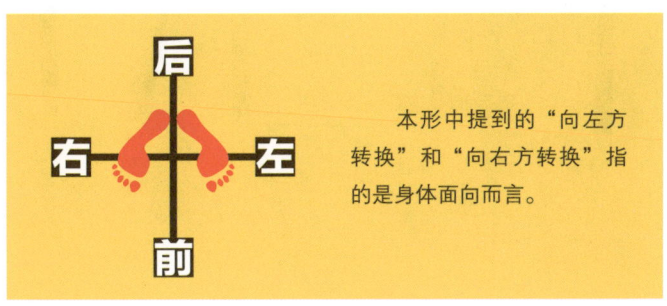

本形中提到的"向左方转换"和"向右方转换"指的是身体面向而言。

1 直立

足立手
双脚脚尖朝外各开45°，结立。
两手指尖朝下贴于大腿两侧，身体端正。

2 用意

手立
同1
两手前伸，左掌压右掌，交叠在丹田前。

3 第一举动

足：右脚向右前方斜迈出一步，左脚跟半步。

立：右三战立。

手：两手握拳向两侧屈肘上举，拳心向后，两臂朝外打开，成「V」字形。

4 第二举动

立：同 3。

手：左拳拳心向上，收抵在左肋处，然后翻转，向前方正突。

5 第三举动

足：左脚向前画弧跨一步。

立：左三战立。

手：左拳屈肘，拳心翻转向后，臂朝左侧摆。

6 第四举动

立：同 5。

手：右拳拳心向上，收抵在右肋处，然后翻转，向前方正突。

7 第五举动

足：右脚向前画弧跨一步。
立：右三战立。
手：右拳屈肘，拳心翻转向后，臂朝右侧摆。

8 第六举动

! 重复 4。

9 第七举动

立：同 7。
手：两手化拳为掌，左手前伸，掌心向上横托在胸前方，右手屈肘高抬，掌心朝前，然后翻掌下劈，以手刀部劈向左手掌心。

10 第八举动

立 同 7。

手 左手立掌，收抵胸口；右手转腕，向正前上方贯手突。

11 第九举动

立 同 7。

手 右手立掌，收抵胸口；左手转腕，向正前上方贯手突。

12 第十举动

足 左脚立稳，右脚屈膝上提。

立 鹭足立。

手 双手由内向体侧画弧后收，翻掌，两手平端于身前两侧，与胸齐平。

13 第十一举动

足 右脚向前跨一步落地，左脚跟半步。

立 右三战立。

手 两手翻掌前推，掌心向下。

14 第十二举动

重复 12～13。

15 第十三举动

足 左脚立稳，身体微向左倾，朝右侧下段关节踢。

手 双手握拳，拳心向上收抵在两肋处。

16 第十四举动

足 立：左三战立。

收回右脚，身体随势逆时针回转180°，右脚落地。

手：双手转为掌，右手右侧下按，左手向前推掌。

17 第十五举动

足 立：右三战立。

右脚前跨一步。

手：双手画弧于胸前相交后，左手朝左侧下按，右手屈肘朝前伸，挂受。

18 第十六举动

足 立：左三战立。

左脚前跨一步。

手：右手掌心向下朝右侧下按，左手屈肘朝前伸，挂受。

19 第十七举动

! 重复 17～18。

20 第十八举动

足 立：右三战立。

身体右转90°。

手：左手握拳收抵在左肋处，右手画弧收回，至胸口朝前指铗。

24 第二十二举动

立：四股立。
足：左脚向右后45°跨半步。
手：左挂受。

25 第二十三举动

立：同24。
手：左手翻转，握拳屈肘收抵在左肋处，右拳翻转，朝前正突。

26 第二十四举动

立：同24。
手：三本突后，右手弯曲下压。
足：左脚立稳，身体微向左倾，右脚朝右侧下关节蹴。

27 第二十五举动

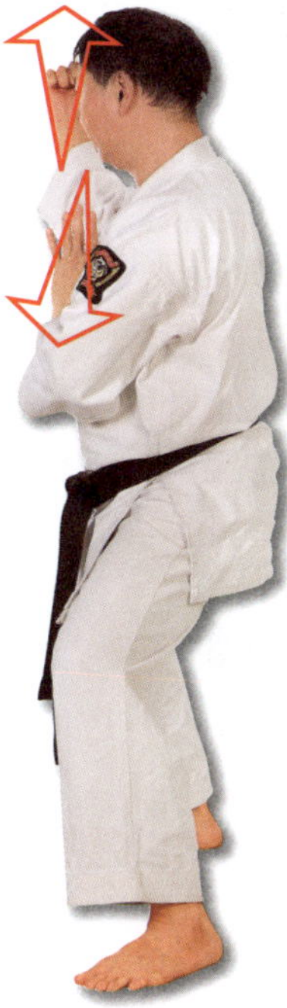

足 右脚向前落地，面朝正右方。

立 四股立。

手 右手屈肘朝右上里拳打，左手立掌于胸前。

28 第二十六举动

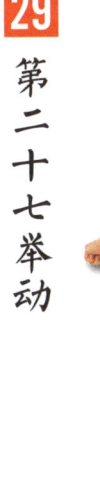

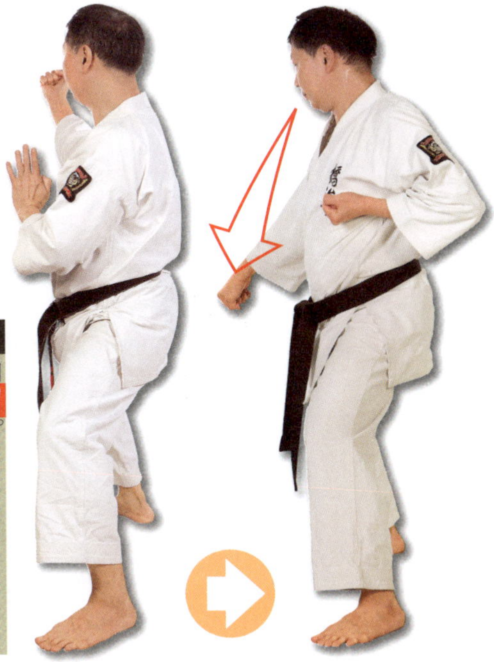

立 同27。

手 右肘下沉，紧接下段受。左手变掌为拳，收回在左肋处。

29 第二十七举动

立 同27。

手 右拳收至右肋处，左拳中段正拳突。

30 第二十八举动

足 左脚立稳，身体微向左倾，右脚朝正后方关节蹴。

手 左拳回收至左肋处。

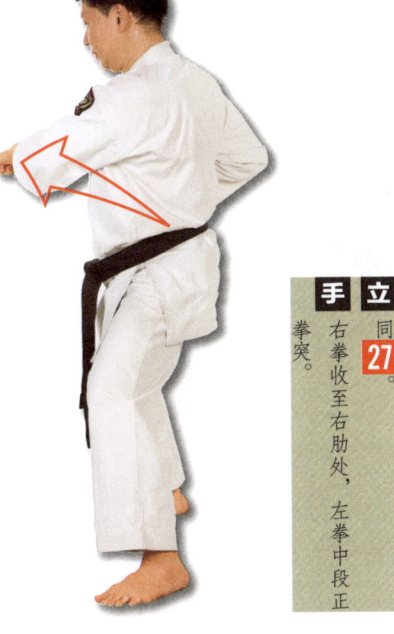

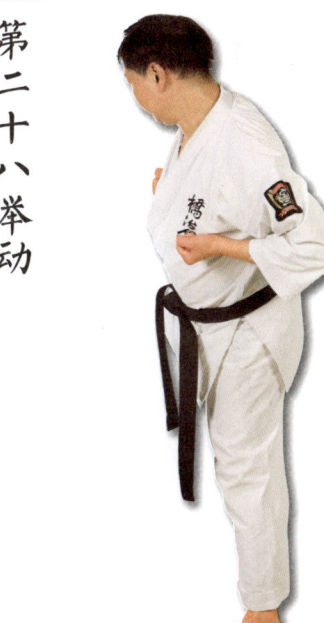

31

第二十九至三十二举动

! 重复27～30。

32

第三十三举动

足 身体左转90°，右脚落地。

立 左三战立。

手 两手手指张开变掌，右掌心朝前，收抵在右肋，左手立掌，挂受。

33

第三十四举动

立 同32。

手 右手画弧朝前挂受，与左手相对。

34

第三十五举动

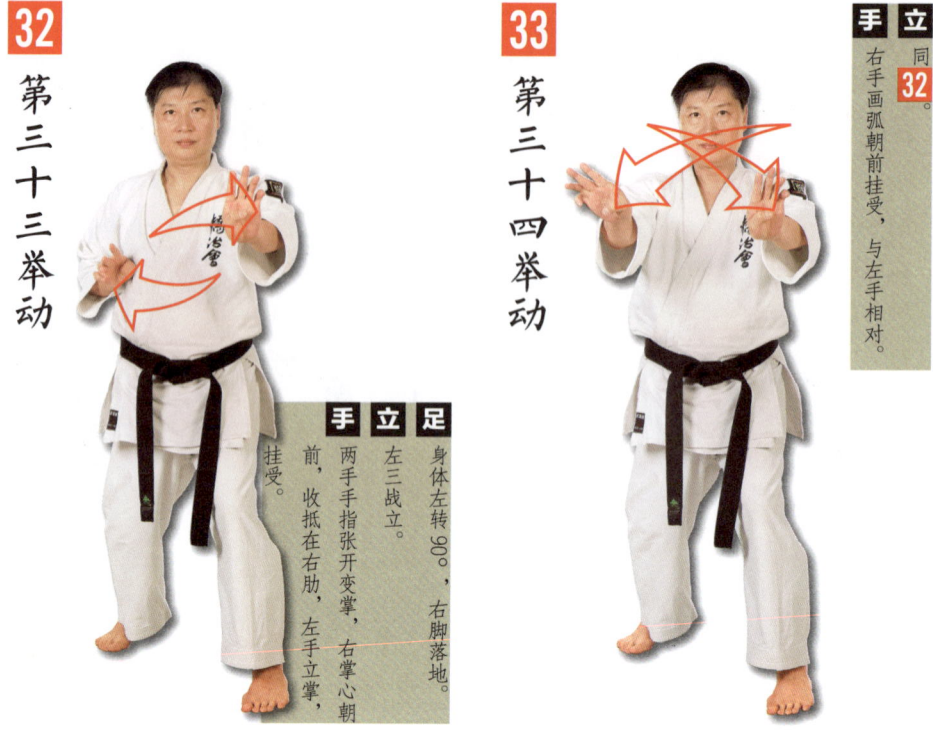

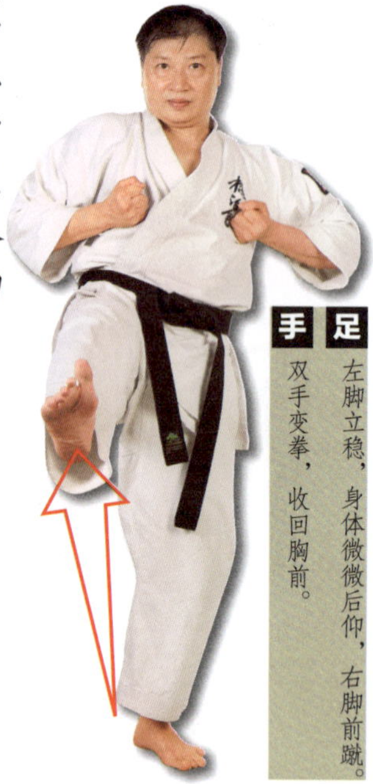

足 左脚立稳，身体微微后仰，右脚前蹴。

手 双手变拳，收回胸前。

35

第三十六举动

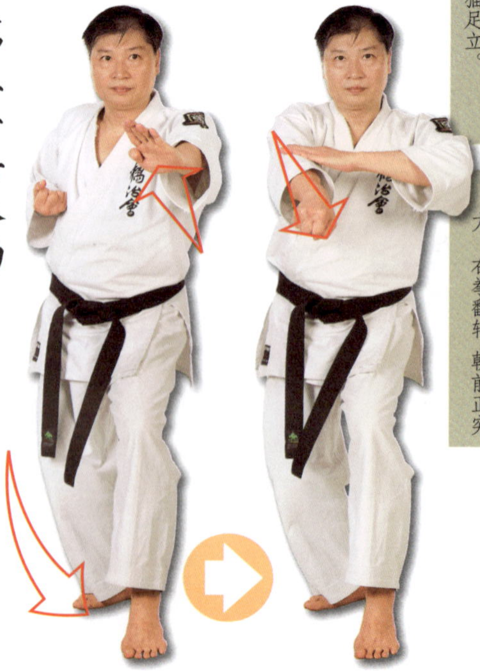

足 右脚收回落地，左脚在前。

立 猫足立。

手 左拳手指张开，向前推，然后屈肘内收至右臂上方；右拳翻转，朝前正突。

36 第三十七举动

手 立
同 **35**。
双手回旋受。

37 止

手 立
同 **35**。
右手收抵在右胸，然后划摆向下，手刀贴左手掌心。

38 直立

手 立 足
结立。
左脚收回。
左手掌托右手背，向上抬至胸前，两手内旋下伸，再收回，贴于两腿外侧，鞠躬，起身，结束。

形的分解（一）

1 双方相对而立。攻方右脚前跨，右前屈立，右拳中段正突。受方左腿后伸，左手挂受，化解攻方右拳的攻击。

2 攻方左脚前跨，左拳中段正突。受方右脚后伸，右手挂受，化解攻方左拳的攻击。

3 受方迅速上步，以右手指铁攻击攻方喉咙。

4 受方朝攻方心窝等中段要害部位正拳突两本。

5 攻方伸左手抓握受方右手腕，受方右手转腕下压，反擒。

6 受方顺势擒拿攻方左手臂，提起右脚朝攻方左脚膝弯关节蹴。

形的分解（二）

1 双方相对而立。攻方右脚跨步向前，伸双手抓受方衣领。受方松拳为掌，从攻方两臂中间抬手向两侧拨挡。

2 受方两手转腕朝攻方两肋贯手突。

3 攻方双手转掌，向下抓握受方双手腕。

4 受方双手从内而外，反擒攻方手腕朝两侧外扭。

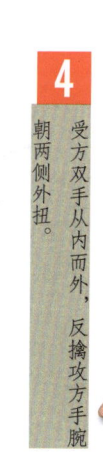

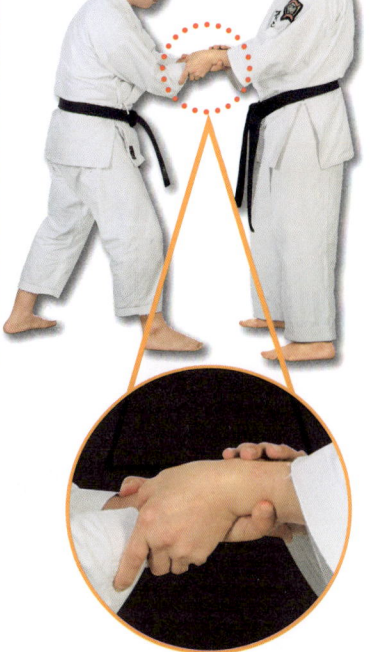

5 受方双手抓扭攻方手腕，同时转身，提起右腿朝攻方膝弯关节蹴。

形的分解（三）

1 双方相对而立。攻方左脚前跨，左拳中段正突。受方左脚后斜跨，左手前伸擒拿攻方左手腕后拉，右手上扬，降肘攻击攻方左肘关节。

2 受方右拳下摆，攻击攻方裆部。

3 受方右拳朝外侧划挡攻方左臂，左手握拳朝攻方胸肋钩突。

形的分解（四）

1 双方相对而立。攻方右脚前跨，右拳中段正突。受方身体随右脚顺时针回转后退，右拳收抵右肋，左手由里朝外划拨擒拿攻方右臂。

2 攻方左脚向前跨，左手中段正突。受方左手由内朝外划拨擒拿攻方右臂。

3 受方双手抓牢攻方双臂后拉，使攻方身体前倾，同时提起右脚，朝攻方肚腹等要害部位前蹴。

4 受方两手松开，右拳后收，再翻转朝攻方鼻部等要害部位正突。

久留顿破

久留顿破，动作大多以开手来进行，是与中国螳螂拳类似的一个形，也是全日本空手道联盟的第二指定形。

形的演练

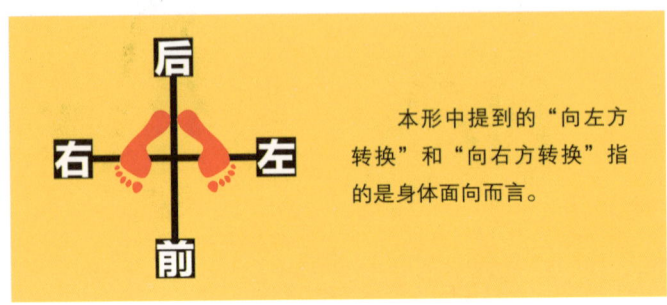

本形中提到的"向左方转换"和"向右方转换"指的是身体面向而言。

1 直立

足：双脚脚尖朝外各开45°。结立。

立：身体端正。

手：两手指尖朝下贴于大腿两侧，

2 用意

足：同1。

立：同1。

手：两手前伸，左掌压右掌，交叠在丹田前。

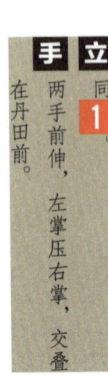

3 第一举动

足立：左猫足立。

手：右脚向右后踏一步，身体转向左前45°。右手向右上扬，再画弧至腹部上方，掌心朝上；左手翻掌划向右上，再转掌往回收至锁骨前，掌心向下，两手掌心上下相对。

4 第二举动

足：右脚立稳，左脚屈膝上抬，再向左下侧关节蹴。

5 第三举动

足立：右猫足立。

手：左脚落地，身体顺时针转向右前45°，左脚立稳，右脚屈膝上抬，再向右下侧关节蹴。左手向左上扬，再画弧至腹部上方，掌心朝上；右手翻掌划向左上，再转掌往回收至锁骨前，掌心向下，两手掌心上下相对。

6 第四举动

足　右三战立。

立　右脚落地，身体左转45°，面向正前方。

手　右手翻转，掌心向上，指尖朝前往上平托；左手翻转向下按。

7 第五举动

足　两脚跟同时向左转90°，身体微转。

立　左前屈立。

手　左手翻转，掌心向上收抵在左肋处；右手翻转下段底掌受。

8 第六举动

足　两脚跟朝右回转90°，面向正前方。

立　右三战立。

手　右手翻转，掌心向上，指尖朝前屈肘往上托与胸齐；左手翻转向下按至腹前。

!　**7~8** 一气呵成。

9 第七举动

足　左三战立。
立　左脚画弧前跨一步。
手　双手翻转，左手屈肘上托与胸齐，右手下按至腹前。

10 第八举动

足　两脚跟同时向右转90°，身体微转。
立　右前屈立。
手　右手翻转，掌心向上收抵在右肋处；左手翻转下段底掌受。

11 第九举动

足　两脚跟朝左回转90°，面向正前方。
立　右三战立。
手　右手向上抬，屈肘往上托与胸齐；左手翻转向下按至腹前。
! 10～11 一气呵成。

12 第十至十一举动

! 重复 7～8。

16 第十五举动

足：左脚立稳,右脚中段前踢。

17 第十六举动

足 立：右脚前跨落地,身体逆时针转向左后45°。四股立。

手：左手手指张开,掌心向上,横托于腹前,右手扬肘。

! 16～17 一气呵成。

18 第十七举动

足 立：身体顺时针转向左前45°,微屈立稳,右脚后退一步。猫足立。

手：右手画弧自外向内收于腹前,掌心向上；左手翻转,横收于胸前,掌心与右手相对。

19 第十五至二十举动

20 第二十一举动

足：身体左转45°，右脚随之移半步。
立：同19。
手：双手回旋受后同时掌底突。

足：两脚随身体顺时针转向右前45°，左脚在后，右脚在前。

立：猫足立。

！重复 **13**～**18**。

21 第二十二举动

足：身体逆时针转向左，右脚跟落地，脚趾朝左。

立：左三站立。

手：左手掌心朝下，从右肘下划，收抵在右肋处；右手斜向上摆，手心朝上。

22 第二十三举动

立：同 **21**。

手：双手画弧于腹前相交，右手屈肘，收抵在右肋；左手由内向外画弧，内手刀受。

23 第二十四举动

足 | 右脚从前方向左跨，随即身体逆时针扭转180°，双脚随之转动。
立 | 左三站立。

手 | 两手屈指握拳，左拳回收，屈肘横于胸前；右拳画弧，收抵在右肋处。

24 第二十五举动

足 | 右脚画弧向前一步。
立 | 右三战立。
手 | 两拳手指张开变掌，双手画弧相交后，左掌收抵左肋，右手内手受。

25 第二十六举动

足 左脚从前方向右跨，随即身体顺时针扭转180°，双脚随之转动。

立 右三战立。

手 两手屈指握拳，右拳回收，屈肘横于胸前；左拳画弧，收抵在左肋处。

26 第二十七举动

足 左脚向左方跨一大步，身体右转90°。面向正前方。

立 四股立。

手 两拳手指张开变掌，双手屈肘向内横于胸前，右上左下，双手掌心朝下。

30 第三十一举动

足：双腿微屈下蹲。
立：四股立。
手：两手握拳，向内转腕并肘，往下降肘，于腹前转腕，变拳为掌，两掌交叠向下压。
!：屈膝下蹲时抬头。

31 第三十二举动

足：右脚向前迈一大步。
立：右前屈立。
手：双手向内翻转，并拢，内收上托，前突后迅速收回，反掌，双手下段扫受。
!：29~30动作要迅猛刚劲，一气呵成。

32 第三十三举动

足 身体逆时针回转180°，两脚跟靠拢。

立 结立。

手 双手向内转腕上扬，于头顶相交，以腕为轴挽花，右手腕内侧抵左手腕外侧。

33 第三十四举动

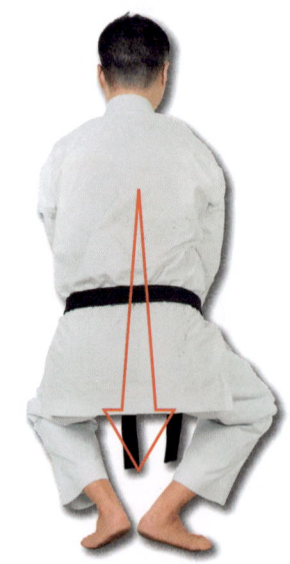

足 屈膝下蹲，两脚跟同时抬起。

手 两手握拳，两交叉拳下捶。

! 屈膝下蹲的同时，两拳下捶。

138

34 第三十五举动

足 右脚朝前跨一大步。
立 右前屈立。
手 两拳手指张开，左手掌心向上收抵回左肋，右手掌心朝下，向右前方下摆。

35 第三十六举动

手 身体朝前倾。右手掌心朝内收于左肋，左手朝右下掌底突。

正面

36 第三十七举动

足：逆时针180°转身向前，体重心后移。
立：猫足立。
手：左回旋受，然后双手同时掌底突。

37 止

立：同36。
手：右手收抵在右胸，然后划摆向下，手刀贴左手掌心。

38 直立

足：左脚收回。
立：结立。
手：左手掌托右手背，向上抬至胸前，两手内旋下伸，再收回，贴于两腿外侧，鞠躬，起身，结束。

形的分解（一）

1 双方相对而立。攻方右脚向前跨一步，右拳朝受方中段正突。受方身体右转约45°，右脚脚尖点地，猫足立，两手手指张开变掌，左手立掌，护住胸口，右掌挂受。

2 攻方左拳中段正突。受方左手格挡攻方左手，右手里拳攻击攻方下巴。

3 受方右拳内收，身体微后仰，提起左脚朝攻方中段前踢。

4 受方左脚向前跨一大步落地，身体右转90°，右手擒拿攻方左手腕后拉，左手扬肘击打攻方下巴。

形的分解（二）

1 双方相对而立。攻方右脚后退一步，接着向前跨一步，右拳上段正突。受方右脚前跨，右前屈立，双手手指张开变掌，十字手刀受。

2 受方双手擒拿攻方手腕，高举过肩，身体逆时针扭转180°，背对攻方。

3 受方屈膝下蹲，向前下拉拽攻方右手，以背顶其身将攻方向前摔翻在地。

形的分解（三）

1 双方相对而立。攻方右脚后伸，提起右脚，朝受方中段前踢。受方左脚后伸，右前屈立，左手托受攻方右脚脚踝。

2 受方右手抓住攻方腰带，左手抬提攻方右脚。

3 两手同时使力，将攻方掀翻在地后，右手握拳躬身朝攻方肚腹等要害部位正突。

壹百零八手

一百零八手这种形的手技特别多。前半部因虎口技使用较多而称为"虎之法";后半部则大多是合突技、蹴技等独特用法于一体,连续和变化技较多。前半部是刚柔流中的柔,而后半部则是刚,技法充满变化。

形的演练

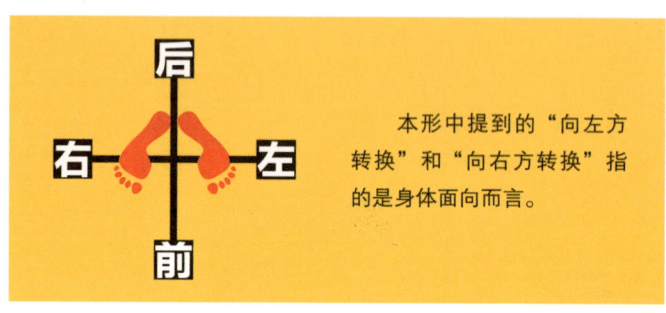

本形中提到的"向左方转换"和"向右方转换"指的是身体面向而言。

1 直立

足:双脚脚尖朝外各开45°。
立:结立。
手:两手指尖朝下贴于大腿两侧,身体端正。

2 用意

足:同1。
立:同1。
手:两手前伸,左掌压右掌,交叠在丹田前。

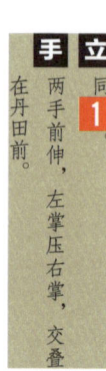

3 第一举动

足立：右三战立。

手：右脚画弧向前一步。两手握拳，折臂翻转向上，拳心向后，朝两侧外摆。

4 第二举动

足立：同3。

手：左拳内收于胸前，再收抵于左肋处。

5 第三举动

足立：同3。

手：左手腕翻转，向前正突，迅速收回，左手折臂翻转向上，朝左侧外摆。

6 第四至五举动

足 左脚画弧向前一步。
立 左三战立。
手 换右手重复4~5。

7 第六举动

足 右脚画弧向前一步。
立 右三战立。
手 左拳内收于胸前，再收抵于左肋处，翻转手腕，向前正突。

8 第七举动

足 双膝微屈下蹲。
手 左手与右拳同时内收于胸前，手指张开为手刀，掌背相贴。

9 第八举动

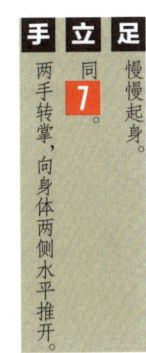

足: 慢慢起身。
立: 同 **7**。
手: 两手转掌，向身体两侧水平推开。

10 第九举动

足: 左脚向前跨半步。
立: 左三战立。
手: 左回旋受，接双手掌底突。

147

11 第十举动

足：右脚向前跨半步。
立：右三战立。
手：右回旋受,接双手掌底突。

12 第十一举动

足立：同11。
手：右手挂受,转腕,屈肘,立掌收于右肋；左手屈肘收抵左肋后前伸,横于腹前。

13 第十二举动

足 右脚向左跨一步，身体逆时针180°回转向后。
立 左三战立。
手 左回旋受，接双手掌底突。

14 第十三举动

足 身体顺时针转向右方，右脚画弧前跨。
立 右三战立。
手 右回旋受，接双手掌底突。

15 第十四举动

手 右手挂受，转腕，屈肘，立掌收于右肋；左手屈肘收抵左肋后前伸，横于腹前。
立 同14。

16 第十五举动

足：右脚向左跨一步，身体逆时针180°回转向左方。
立：左三战立。
手：右回旋受，接双手掌底突。

17 第十六举动

足：左脚向后退一步。
立：右前屈立。
手：右掌收于右肋；左手微向左转，指尖朝前。

18 第十七举动

足：身体重心后移，左脚屈膝，右脚脚尖点地。
立：猫足立。
手：右回旋受，接双手掌底突。

19 第十八举动

足：身体逆时针180°扭转，屈膝立稳。
立：猫足立。
手：左回旋受，接双手掌底突。

20 第十九举动

足：身体向右转90°，身体重心后移。右前屈立。
立：猫足立。
手：双手回旋受。

152

25 第二十四至二十五举动

! 重复 22~23。

26 第二十六举动

足 左三战立。
立 身体左转90°，面向正右方。

27 第二十七至二十八举动

! 重复 22~23。

28 第二十九举动

足 左三战立。
立 右脚向左前跨一步，身体逆时针扭转180°，面向正左方。

29 第三十至三十一举动

! 重复 22~23。

30 第三十二举动

足 四股立。
立 右脚向右前45°跨一大步，身体随之左转。
手 双手翻转，左手朝身体左上方以一本突手形作中段受；右手收回至右肋处。

31 第三十三举动

手：左手向右回摆，右手拳心向上，越过左臂朝左侧一本突。
足：身体向左侧扭转，左脚微屈，右脚向后伸直，脚尖点地。

32 第三十四举动

手：两手提拳向身体两侧摆受。
立：四股立。
足：右脚向右前45°跨一大步，身体随之左转。

33 第三十五至四十举动

！重复 **30** ~ **32** 两次。

34 第四十一至四十三举动

！身体向右转90°，再次重复 **30**。结束时面朝正前方。

35 第四十四举动

手：右拳提于身体右侧，左手手指张开，手掌朝前划落于腹前。
立：左三战立。
足：左脚画弧前跨一步，身体向左转动。

36 第四十五举动

足 右三战立。
立 右脚画弧向前跨一步。
手 右手挂受。

37 第四十六举动

足 左三战立。
立 左脚画弧向前跨一步。
手 左手挂受。

38 第四十七举动

足 左脚微屈立稳，身体微向后仰，提起右脚前踢。

39 第四十八举动

足 四股立。
立 身体左转90°，右脚随之落地。
手 右手握拳屈肘，横于胸前；左手护右臂，指尖朝右贴于小臂。

155

第四十九举动

立 同 **39**。

手 右手里拳打。

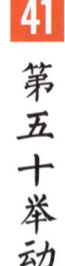

第五十举动

立 同 **39**。

手 右拳向体前画弧，内收于右肋处；左手指尖朝上，向右推。

第五十一举动

足 身体左转90°，右脚向前迈半步。

立 左三战立。

手 右手张开变掌，由内向外画弧后朝右侧下按；左手向前掌底突。

第五十二举动

足 右脚画弧向前踏一步。

立 右三战立。

手 左手向左侧下按，右手翻转上托，转腕挂受。

44 第五十三举动

足 左脚画弧向前踏一步。
立 左三战立。
手 右手向右侧下按，左手翻转上托，转腕挂受。

45 第五十四至五十七举动

! 重复 43~44 两次。

46 第五十八举动

! 再次重复 43。

47 第五十九举动

足 右脚朝左跨一步，身体逆时针扭转180°。
立 左三战立。
手 右手手刀收抵至右肋，左手翻转向上，掌心朝后，高与肩齐。

157

48 第六十举动

足 左脚立稳,右脚朝左前方中段前踢。右脚带动身体逆时针旋转360°。回落到原位。

立 左三战立。

手 双手翻转相交后,右手掌心向下收抵在右肋处,左手挂受。

49 第六十一举动

足 右脚二段前踢。

50 第六十二举动

足 右脚落地，身体左转，面向正左方。
立 四股立。
手 右手握拳屈肘，横于胸前，指尖朝右贴于里小手，左手护右臂，然后右手里打。

51 第六十三举动

足 右脚向左迈，身体继续左转，面向正后方。
立 三战立。
手 左手掌底突，右手向右侧下按。

52 第六十四举动

足 左脚画弧向前跨一大步，右脚跟半步，面向左后45°。
立 四股立。
手 双手画弧于胸前相交后，右手掌心朝下收于右肋处，左手上摆挂受。然后双掌收回两肋，向前掌底突。

53 第六十五举动

足:左脚向左后45°跨一大步，身体随之逆时针转向前方。
立:四股立。
手:两手五指相撮为鹫手，左手护水月位置，右手屈肘，指尖朝下上移至右上方。

54 止

足:右脚向左脚靠拢，双腿微屈。
立:结立。
手:两手手指张开，翻转掌心向上，右手背与左手掌交叉于丹田上方。

55 直立

足:双腿立直。
立:结立。
手:两手向内转腕，收回，贴于两腿外侧，鞠躬，起身，结束。

160

形的分解（二）

1 双方相对而立。攻方左拳朝受方中段正突。受方略向右移步闪躲，左拳向左折臂翻摆，以腕背抵挡攻方左手中段受。

2 受方左拳挡压攻方左拳，右手翻转，朝攻方胸口等要害部位一本突。

3 受方右脚前跨至攻方左脚跟后落地，右拳朝攻方裆部摆捶。

4 受方两手变拳为掌，左手擒拿攻方右手腕，右手从攻方左腋下穿过。

5 受方左手拉攻方右手的同时，右手将攻方朝前拉摔在地。双手抓牢攻方右手不放。

6 受方提起右脚，朝攻方胸肋等要害部位踵蹴。

形的分解（三）

1 双方相对而立。攻方左拳朝受方中段正突。受方左拳以拳面格挡攻方进攻。

2 受方提起左脚，身体微后仰，朝攻方二段前踢。

3 受方左手屈肘，以掌心拍攻方左拳背进行格挡，右手朝攻方左肩回肘。

4 受方右拳折摆向上，降肘攻击攻方左臂。

闭手形

闭手形是刚柔流独有的技法，具有调整呼吸，舒畅筋骨与手腕、手肘等关节的功效。在刚柔流套形练习的最后，才进行闭手形的演练，作为练习的收尾。

转掌

转掌与三战并称，是刚柔流的闭手形。三战属刚柔流中的刚，转掌则属于柔。二者相互配合，缺一不可。通过三战练体，借助转掌使力，才能使效果最大化。

转掌是一种受招的技形。**它的手部动作为开手招式，曲线动作多，强调力量在手腕上的运动效果，以及呼吸、身体的动作和力量移动等的适当配合，从而产生柔中带刚的劲道。**在练习过程当中，需要注意的是不可将力道松弛、张开手肘，或者使曲线动作过于夸张，而应将意志力蕴藏于内，伺机而发，防中带攻。

形的演练

本形中提到的"向左方转换"和"向右方转换"指的是身体面向而言。

1 直立

足：双脚脚尖朝外各开45°。
立：结立。
手：双手指尖朝下贴于大腿两侧，身体端正。

2 用意

立 同 1。

手 两手前伸，左掌压右掌，交叠在丹田前。

3 第一举动

足 吸气，右脚向右前画弧跨一步，右三战立。

手 呼气，两手握拳，双臂夹肋朝两侧外摆，拳心向后。

4 第二举动

立 同 3。

手 吸气，左手拉手，收抵在左肋处，拳心向上。

5 第三举动

立 同 3。

手 呼气，左拳朝前半伸，转腕，再正冲，接上段外挂。

165

6 第四举动

足立 吸气，左脚向左前画弧跨一步。左三战立。

7 第五举动

立手 同6。右手拉手，拳心向上，收抵在右肋处。呼气，右拳朝前半伸，转腕，再正突，接上段外挂。

8 第六举动

足立：右脚向右前跨一步。右三战立。

手：吸气，左拳拉手，拳心向上，收抵在左肋处。

9 第七举动

立：同 8。

手：继续吸气，右手手指张开下落，从右上方划向左肩，转腕，掌心朝前，继续绕头顶画圈至右侧。

10 第八举动

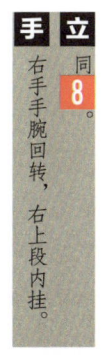

立：同 8。

手：右手手腕回转，右上段内挂。

11 第九举动

立：同 8。

手：右手顺 9 的原轨迹画圈至左肩，掌心向上，指尖朝左。

12 第十舉動

立 同 8。
手 右手右拉手收回，手刀部收抵右肋處，指尖朝前。

13 第十一舉動

立 同 8。
手 呼氣，右手轉掌，向前推掌，指尖向上。

14 第十二舉動

立 同 8。
手 吸氣，右上段內掛，手心往上方回轉，翻轉畫圈至頭頂，掌心向上，指尖朝左。右手畫圈到左側後，右拉手收抵在右肋處，指尖朝前。

15 第十三舉動

立 同 8。
手 呼氣，右手指尖向下，朝右下底掌突。

20 第十八举动

21 第十九至二十九举动

足：左三战立。
立：左脚向左前跨一步。
手：左手中段受。
屏住呼吸。

！ 左右反方向，重复 **9**~**19**。

22 第三十举动

足 右脚向前跨一步。右三战立。

手 吸气,双手于胸前交叉,呼气,握拳夹肘朝两侧外摆,拳心朝后。

23 第三十一举动

立 同 22。

手 吸气,由拳变掌,双手同时上段外挂受。

24 第三十二举动

立 同 22。

手 继续吸气,两手翻转内挂受。

25 第三十三举动

立 同 22。

手 呼气,双掌回收在两肋处,继续呼气,然后两手指尖向上底掌突。

26 第三十四举动

吸气，两手画弧旋至头顶，左手在前右手在后，腕部交叉，掌心朝上，然后两手向两侧翻转向下，收回拉手。

手立同 22。

27 第三十五举动

呼气，两手指尖向下底掌突。

手立同 22。

28 第三十六举动

吸气，两手手腕翻转，掌心向下，拇指按压在中指和无名指指根成鹤头，上提至胸，指尖朝前。

手立同 22。

29 第三十七举动

呼气，双手同时使出手刀。

手立同 22。

173

34 第四十二举动

足 右脚后退一步。
立 左三战立。
手 有力地呼气，两手手指张开，翻掌贯手突。

35 第四十三举动

足 吸气，左脚向后退一步。
立 右三战立。
手 两手画弧交叉后握拳，拳心向上收抵在两肋处。

36 第四十四举动

足 同35。
立
手 呼气，两手手指张开，在身前翻掌前推，贯手突。

37 第四十五举动

足 吸气，右脚后退一步。
立 左三战立。
手 双手使出回受招式。

! 双肘紧贴身体，想象右手守住进攻方的肩膀，左手守住进攻方的腰部，双手掌底朝向进攻方。

38 第四十六举动

手 同 **立** 37。

呼气,双手押突。

39 第四十七举动

足 吸气,左脚向后退一步。右三战立。

立

手 双手反方向使出回受招式,回受结束后,呼气,双手押突。

40 第四十八举动

手 同 **立** 39。

吸气,左手底掌收抵在左肋处,指尖朝前。

41 第四十九举动

手 同 **立** 39。

呼气,左手朝身前推,以掌托抵右手手刀部,两手交叉于丹田前。

42 止

足 结立。

立 吸气，右脚向左脚靠拢。

手 双掌同时朝身内收至胸前，再呼气，双手掌心翻转向下，左手心贴右掌背伸于丹田前方，继续用口将气吐尽，两掌下伸至极点。深吸气，微屈的双腿渐渐直立，再一口分三次吐气。

43 直立

手 双手贴于两腿外侧，鞠躬，起身，结束。

177

组手是将所学的基本招式、移动和形等活用的对敌动作,是实际的攻击和防御的形。组手技术由规定形式开始训练,逐渐增加难度和强度,到最后自由施展技术,进行格斗竞赛。

传统空手道实战性强,非常适于自卫防身和搏斗。组手的练习则是达成防身和搏斗目标最实际的方法。

二篇

組手

约束组手

约束组手是基本的站立架式、突技、受技等综合应用。二人按照预先设定的攻防路线、攻防招式及顺序进行对练。熟练约束组手可以使练习者对招式组合有深度的应用经验，以实现精准距离掌握及良好的时机判断。约束组手一般是由资深师范根据个人实战经验及招式应用的理解而编制。

准备架式

组手的练习都是以双方平行立架式开始的。双方行礼之后，突技方一脚后退一大步，成前屈立架式，手握拳摆出突技的架式。然后双方开始各自使出突技和相应的受技。

在下面组手演练中，将省略以上准备架式。但在实际的练习中，还是应该由此开始。

上段手刀受 + 手刀

1. **突** 右脚向前跨一步，右拳朝上段正拳突。**受** 左脚后退一步，右前屈立，左手上段手刀受。

2. **受** 左手在抵挡的同时，迅速转腕擒住突技方手臂。

3. **受** 擒住突技方手臂向外拧至腰侧，使之失去平衡朝前倒。同时右拳手指张开为手刀，朝突技方脸部等要害处手刀打。

中段受 + 里突 + 上段突

1 突右脚向前踏一步，右拳中段正拳突。受左脚后退一步，右前屈立，右手中段受。接着将突技方突的力量引向侧边，使之露出肋部等要害部位。

2 受左拳迅速朝突技方中段里突。

3 受收回左拳，右拳迅速朝突技方脸部要害处上段正拳突。

下段受 + 里拳正面打

1 **突**右脚向前踏一步,右拳朝下段正拳突。**受**左脚后退一步,右前屈立,右手下段受,并将突技方突的力量引向侧边。

2 **受**右拳迅速转腕,里拳朝突技方鼻梁等要害部位进行攻击。

上段手刀受 + 手刀砌肘 + 锁手

1 突右脚向前踏一步,右拳朝上段正拳突。受左脚后退一步,右前屈立,左手上段手刀受。

2 受右手手刀攻击突技方肘关节。

3 受锁住突技方右小臂,用力将其肘关节下压。

4 受左脚向前45°上步,锁手,用力向突技方外侧下压,令其身体后仰。

内手刀受 + 擒拿 + 三战立入位 + 反身转体锁手

1 **突** 右脚向前踏一步，右拳朝中段正拳突。
受 左脚后退一步，猫足立，右手内手刀受。

2 **受** 右手翻转挂受，擒拿突技方右小手。

3 **受** 左脚前跨一步，平行立，左手缠绕突技方手臂至前臂，锁紧其手关节。

4 **受** 右脚上步180°转身，四股立下压突技方手关节。

下段手刀受 + 锁手 + 降肘 + 外手刀

1

突 右脚向前踏一步，右拳朝下段正拳突。受 左脚后退一步，右前屈立，左手下段手刀受。

2

受 左手从突技方右手下方向上绕，擒住其前臂。受技方左脚向前跨一步，以四股立架式站稳。

3

受 右拳高举过头顶，朝突技方肘关节降肘。

4

受 右拳手指张开，外手刀攻击对方头颈等要害处。

交叉手刀受 + 擒拿 + 180°后转 + 拉下

1. 突 右脚向前踏一步，右拳朝上段正拳。受 左脚后退一步，右前屈立，两手交叉手刀受。

2. 受 双手往外侧转动，扭转180°时擒拿住突技方右小手，并继续扭转突技方手臂180°，使突技方失去重心。

3. 受 左脚向前跨一步，身体后转180°从突技方腋下穿过，左膝跪地，右腿屈蹲在地立稳。

4. 受 擒住突技方右小手用力拉下。

内手刀受 + 外手刀受、擒拿 + 进步、转马 + 左挢横扫压下

1 突 右脚向前踏一步，右拳朝中段正拳突。受 左脚后退一步，右前屈立，右手中段内手刀受。

2 受 右手刀翻转，擒拿突技方右小手。

3 受 左脚上步，扬肘攻击突技方肘关节，同时身体顺时针回转180°，使突技方肘关节受力下压。

下段手刀受 + 圈手、掌底受、进马 + 膝蹴

1 突 右脚向前踏一步，右拳朝下段正拳突。
受 左脚后退一步，右前屈立，右手下段手刀受。

2 受 右手从下往上旋转至半，以左手底掌受，抵挡突技方右手肘关节。

3 受 右手以臂弯将突技方手臂上抬，手掌将其肩部下压，两手成夹压之势。

4 受 左脚上步，立稳，提起右脚朝突技方胸肋等要害处膝蹴。

正面

自由组手

自由组手是把所学得的招式自由地展开进行攻守练习。空手道原则上要求攻击招式点到为止,即"寸止"。自由组手虽然要求习武者在对练时要在出招的同时控制杀伤性,但却是实战对打,只要一不留神,就有受伤的可能,所以必须注意。

攻防要点

攻防之间,必须防备自己的五隙。

心隙: 畏惧对手、缺乏自信→攻守杂乱无章,出招犹豫不决;身心疲累、体力透支→失去必胜的决心,放弃战机;心存杂念、精神涣散→反应迟缓,错失良机。

气隙: 呼吸过分明显、呼吸和动作节奏不一致、呼吸不平顺等→暴露自己意图,易导致缺氧休克。

技隙: 招式欠缺熟练、战术应用不当→攻守失效,组合技术难以发挥,虚耗体力。

态隙: 浮躁急进、过于被动、情绪波动、轻敌等→状态表现不稳定,阻碍技术充分发挥,易受对手牵制和迷惑。

行隙: 常用的攻防组合动作、重复的行为和不合理的行为→易让对手找出破绽。例如:出拳之前,拳先回收一点再挥出;踢腿时,双手无意识地垂下;格挡时低头看地或闭眼等等。

制敌关键

保持良好心态： 与高手对战，要视其为验证实力和提升自我技术的机会，以轻度兴奋心情对战。即使被击中，也不能因痛楚而生恐惧。心理素质是直接影响技术发挥的最重要因素之一。

把握适当距离： 对战时要注意适当的"攻击距离"和"防守距离"。适当的攻击距离是要熟悉每个攻击技的最佳击打距离，应根据不同距离使出最合适的攻击技。适当的防守距离是指当对手出招时，有充足时间做出防御反应，同时留出可以反击的距离。若跟对手保持在遥不可及的距离，那么就不是防守距离，而是"逃战距离"。

具 杀 伤 力： 所有攻防技必须以极高速度、极大击打力和多角度使用出来。在招式上先求精准，再求多变。

招 无 虚 发： 任何攻击动作必须有其目的，除了直接攻击、伴攻、诱敌和试探对手外，也可以是为了安全地拉近或拉远距离和保护身体。没有目的地出招，只会浪费体力、自曝其短。

寻 找 漏 洞： 对战之间，必须观察对手"五隙"，预判对手下一步招式，从漏洞中把握攻击良机，一招击杀。

运 用 战 术： 单纯地把单个的攻防技灵活串连组合使用，即使技术已达到精炼的境界，当面对有丰富实战经验的对手时，也难取得优势。往往胜败是在于能否根据对手的身形、体格、速度、力量、节奏、弱点、心理、常用的攻防模式等多方面因素，制定有效的攻防策略。

自 我 激 励： 除了招式之外，还要有充实的"气魄"，可通过"吆喝"表现出来。

保 持 警 觉： 要维持良好警觉性，但不能过分紧张，以致肌肉僵硬、反应迟缓。

注意事项

　　自由组手练习有很多注意事项，首先就是选择对手。双方通过基本练习，实力要相当，或者对手比自己稍强，但不能差距太大。可能的话，不要单以固定对象为对手，最好能和更多的人进行组手练习。

　　其次，在约定组手练习中，所使用的招式、站立架式和基本技相同。但是在自由组手中，可以利用稍富变化的站立架式和技术，但这些变化都必须以基础和基本技为根本。

护身组手

空手道固定的防御和攻击技法，使它具备了极强的防身效果。护身组手充分利用人的手脚采用踢、打、固、投等技术，可在瞬间将对手徒手制伏。

虽然防身的方法很多，但并不是仅仅为了打倒对方，而是在突然陷入紧急状态时，如何提前防御。对女性来说，参加空手道的练习，不仅可以改善和增强体质，提高免疫力，增加身体的柔韧性，使身体的线条变得修长，还能掌握高级的自卫护身技能，同时锻炼自己的毅力和果断的性格。女性学空手道护身，重点不在打得过谁，而在于：

①**能识别危险；**

②**躲得快、跑得快，能快速脱离危险；**

③**使自己动作灵敏、有力气、有速度、有技巧，能进行有效的反击。**

因此，空手道并不只属于男性，也是女性值得花大量时间来练习的一项运动。

防身术要彻底以受技的姿势练习，而且切勿冒进。如果忽略基本功的练习而直接练习组手，不但容易造成动作姿势的不准确，而且缺乏变化和打击力的技法，会阻碍本身的进步。因此，灵活自如地掌握好自卫防身术，练好基本功非常关键。

防揽抱

正前抱（一）

当对方从正前方伸手来揽抱时，我们可抬起右手，扬肘攻击对方膻中穴等要害部位，并配合膝踢等动作达到以攻为守的效果。

正前抱（二）

1 当自己被对方从正前方搂抱时，用左手紧锁住对方右臂，右手折肘，以腕部抵住对方脖颈，并用力朝外推，使对方头部后仰。

2 左脚立稳，右脚屈膝抬起，以膝关节处朝对方裆部等要害处膝踢。

正前抱（三）

1 如果对方身形不是很高，我们可以在被搂抱时，左手紧锁住对方右臂，右手屈肘上抬，以肘尖朝对方肩、颈等要害处猛击，并将其下压。

2 左脚立稳，右脚屈膝抬起，以膝关节处朝对方裆部等要害处膝踢。此外还可以使用摔的技巧，将对方摔翻在地。

侧搭肩

当有人从侧方或者后方，意图搭我们肩膀时，我们可提起脚，踵踢对方脚面。或者后蹬，攻击对方小腿胫骨。

1 当对方有反应时，我方迅速伸出右手压紧对方手背。

2 身体顺对方的力往下走。双手擒拿住对方左小手，顺时针扭转，从对方的腋下穿过。

3 顺势扭拽、下拉，将其摔倒在地。

侧揽腰

面对从左侧伸过来揽腰的手，我们可以用右拳或者右肘去攻击对方的下巴、膻中等要害处，也可提脚踵蹴对方脚面，或后蹬攻击对方小腿胫骨。

1 以左手去抓握对方揽腰手中的两根手指，通常为食指和中指。

2 朝外侧迅速转身，左手继续抓牢对方手指，并朝外侧用力掰。右手辅助握稳其臂膀以免其晃动、逃脱。

3 左手抓牢对方手指向内下方拉，右手擒拿住对方手肘向下方拉，使其跪地。

后抱腰

1 当双手及身体被从身后袭来的双臂抱住时，我们可提脚脚跟踢攻击对方脚面，或后蹬攻击对方小腿胫骨，还可以头顶对方面部。

2 当对方受到还击，手稍微有点松脱时，我们可以用右手迅速按紧对方的左手，左手臂抬高，使对方左手臂随之抬高。

3 一面继续扭转对方手臂，一面身体顺时针转动，自对方腋下脱离出来。

4 将对方左臂反折至其背后。

5 右脚脚刀踹对方膝关节后弯,使其跌倒。

6 以右手底掌突对其头部等要害处进行攻击,将其制伏。

后抓手抱腰

1 对方从身后抓我方交叉的双手并抱住身体时，我方可提脚跟蹬对方脚面，或后蹬攻击对方小腿胫骨，使其手稍微松脱。

2 我方右手顺势将对方左手向身体左侧带，使之抬高，左手带其右手下压。

3 逆时针扭转身体，躬身从其右臂下脱离对方禁锢。

4 左手反擒对方手腕，右手压其肩，并猛力下压，使对方重心向前向下沉，直至将其压折倒地。

5 我方将压附在肩膀的手掌挪至对方手肘，用腰力往前折压对方手臂。

防捉拿

捉单手（一）

1 我方左手腕被正前方的对方用右手抓住。

2 我方将左手握拳使用中段受的技术，带动对方的手回转朝上，从对方手中挣脱。

3 我方伸出右手去抓对方右手手腕，双手反擒对方手掌，并将其用力扭折，使对方疼痛难忍。

捉单手（二）

1 当我方左手腕被正前方的对方用左手抓住。我方一边用右手掌去抓握对方左手腕，一边以左手握拳将其手臂向上抬高。

2 我方身体朝左侧转动，并迅速从对方抬起的手臂之下穿过。

3 我方身体继续左转，借势向上扭折对方手臂，右手握住其手腕部往外并往下压，加大下压力度将其制伏。

捉双手（一）

1 我方双手手腕被对方从前方伸过来的手抓住并往前拉。

2 我方双腿前移站稳，屈肘，双拳贴近身体。

3 我方双手向内转动，右拳往上扬牵制对方左臂，左手顺势从扬起的右小臂下方穿过去抓对方的左手掌大拇指。

4 挣脱出来的双手握住对方左手腕朝对方身体外侧扭转，用力将其摔倒在地上。

捉双手（二）

1. 双方双手握拳，我方双手握住对方双手腕，屈肘上举。

2. 我方右手朝内侧用力下摆，左手朝外侧外扬。

3. 我方右手继续从下往外侧旋转，外扬的左手突然改变方向去抓对方左手手腕。

4. 我方借助左手握住并扭转对方左手腕之力，将右手挣脱，抓住对方左手腕。

5 我方双手合力去扭转对方左臂。

6 我方加大扭转力量,将其臂扭至其身后。然后左手托握对方手腕背部,右手用力朝其手腕部推折其手掌,致使对方疼痛倒地。

正前抓头发

1 对方伸手抓住我方头发,我方伸左手去抓对方手腕。

2 左手下压对方手腕,右手手刀击打对方肘弯,并用右手肘夹对方手肘旋转、用力下压,同时头部随之向前低下。

3 加大力量将对方手肘往下压,顺势躬身,低头,将对方压倒在地,挣脱出来。

后抓头发

1 我方头发被对方从后方抓住，一边将头顺对方抓拉之力后仰，朝对方右手手臂外侧转身，一边伸右手去抓对方的手腕。

2 继续转身，左脚跪地，右脚屈立，右手抓扭对方手腕，左手伸过头顶辅助抓捏对方左手，双手抓牢对方右手上举，并继续扭转，朝对方身体外侧扭折。

3 继续转身，以肩顶住对方手肘，将其扭摔在地。

抓衣领

1 对方从正面以右手抓提我方衣领。

2 我方将脚尖顺势踮起,以左手去抓握对方手腕,右手朝其肘关节外手刀打。

3 趁对方松手时,以左手抓握对方手背,右手压其手肘,将其手掌朝其肩部推压。

4 对方因疼痛而下蹲时,右手从对方肘部收回,与左手合握对方手掌,肩部压折,继续朝对方痛倒在地。

单手叉颈

1 对方从正面以左手虎口叉住我方颈脖。

2 我方右手去抓对方手腕,左手朝其肘关节外手刀打。

3 在对方松手的空当,我方右手抓握对方手背,将其左手往其肩部推折。

4 快速地抽出左手,双手合握对方手背继续压折,使其疼痛难忍,将其制伏。

双手叉颈

1 对方从正面双手叉住我方颈脖。

2 我方伸出双手去压制对方肘关节，减弱其叉颈的力量。

3 我方将双手迅速伸直，手刀交叉攻击对方颈部。右脚下蹴攻击对方裆部。

4 我方后跳，与对方保持一定距离。

防小刀

防小刀下劈

1 对方手握刀柄，准备攻击。

2 我方右手挂受，同时左手掌底受拍打对方持刀手肘部。

3 我方右手迅速反擒对方持刀手腕，并以45°角下拉，左手捏住其肘部内弯处下压。

4 我方上前一步，右手背刀击打对方下巴，然后下压。

5 左脚伸到对方右脚后方使绊，右手以下压之力使对方倒地。

6 左手继续捏住对方握刀手肘部内侧保护自己，右手收回，抓住对方手腕，以左膝抵压对方持刀手肩关节，右膝抵压对方持刀手肘关节，在左手的协助下，右手用力扭转其腕部，使其松刀落。

上段前刺

1 对方手握刀柄,准备朝我方直刺。

2 我方左腿前屈,上半身向左前移动,躲开对方的刀尖。

3 我方右手外手刀打出,攻击对方颈部,并顺势以右臂挽住其头颈,左手抓握右手,锁紧对方右手和头部。

4 我方双手紧箍对方,使其手部失去力量,松落小刀,同时提起右脚膝蹴。

5 对方因疼痛而暂时失去攻击力后,我方身体后撤,与其保持一定距离。

横劈

1 对方举起小刀横劈我方头部。

2 我方以左手刀受格挡对方挥刀的右手,右手挥击对方颈部。

3 我方右手擒拿对方后颈,左手擒拿对方右手手腕挂受,将对方持刀手拉近至我方腰间。

4 我方右手发力下压,逆时针转身,顺势将对方摔倒在地。

5 我方左手继续握牢对方持刀手,将其压制在自己大腿内侧,转身发力,甩脱对方手中小刀。此时可再做一些反击的动作。

反手横劈

1 对方右手握刀向我方反手横劈。

2 我方右手手刀受，左手掌底受，格挡住对方的进攻。

3 我方右手抓住对方手腕，左手抓住其手肘，顺对方之力顺时针180°。扭转身体，使对方身体失去平衡，并向前扑。

4 我方继续顺时针转身180°，引动对方倒地。左手用力下压对方肘关节，使刀脱手，将其制伏。

下直刺

1 对方持刀，迎面直刺我方腹部而来。

2 我方以猫足立架式立稳，身微后撤，避开进攻，左手下段受，格挡对方持刀手手腕。

3 我方擒拿住对方右手肘关节，由内向外再向上绕圈，右手擒拿住对方右肩或后颈。

搭肩背刺

1 对方左手擒住我方肩膀，右手持刀，从身后用刀抵腰威胁。

2 我方向左（不要向持刀手的方向）迅速转身，同时左手摆受，格挡对方左手，转腕挂受。

3 我方擒住对方左小臂，右拳钩突对方左肋。

4 我方右手从对方左臂下方朝上穿过，以内手刀抵住其大臂并往外拉。

5 我方抬起右脚，以脚掌蹬对方左腿膝关节，使对方失去平衡倒地，将其制伏。

后勒颈

1 对方左手擒住我方肩膀，右手持刀从身后勒住我颈脖处。

2 我方双手紧扣对方持刀手手腕，使刀不能随意移动，同时右肩抬高，左肩下倾。

3 我方身体向左转身180°，从对方腋下转出。

4 我方顺势右手握住对方持刀手向对方腹部用力推。

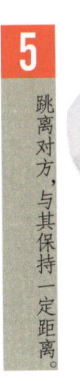

5 跳离对方，与其保持一定距离。

图书在版编目（CIP）数据

空手道形与组手 / 罗景辉编著. -- 成都：成都时代出版社，2018.2
ISBN 978-7-5464-2007-3

Ⅰ.①空… Ⅱ.①罗… Ⅲ.①空手道－基本 Ⅳ.①G886.5

中国版本图书馆CIP数据核字(2018)第000493号

空手道形与组手
KONGSHOUDAO XINGYUZUSHOU

罗景辉 编著

出 品 人	石碧川
责 任 编 辑	兰晓鋆鋆
责 任 校 对	周 慧
装 帧 设 计	◉中映良品（0755）26740758
责 任 印 制	唐莹莹
出 版 发 行	成都时代出版社
电　　　话	（028）86621237（编辑部）
	（028）86615250（发行部）
网　　　址	www.chengdusd.com
印　　　刷	深圳市连冠印刷有限公司
规　　　格	787mm×1092mm　1/16
印　　　张	14
字　　　数	170千
版　　　次	2018年2月第1版
印　　　次	2018年2月第1次印刷
印　　　数	1-15000
书　　　号	ISBN 978-7-5464-2007-3
定　　　价	45.00元

著作权所有·违者必究
本书若出现印装质量问题，请与工厂联系。电话：(0755)82598449